新文科 · 普通高等教育休闲旅游"十四五"系列教材

总主编 刘 住 肖潜辉

主 编 李博豪
副主编 徐 涛 张彩琴
　　　 仝彩霞 刘惠鸽

饭店营销
策划

西安交通大学出版社
XI'AN JIAOTONG UNIVERSITY PRESS

内容简介

本书以文旅融合新形势下饭店营销管理为主线,通过理论阐述与案例分析的形式,介绍了饭店营销策划的基本理论和基础知识,阐释了饭店营销基本概念及其内在的联系,探讨了营销环境理论、营销分析、消费者分析和市场分析、营销组合、营销战略、营销战略管理理论、饭店客户关系、饭店营销的预算与管理等内容。本书可使读者掌握饭店营销的相关知识和技能,具备分析饭店营销环境的能力,及时跟踪顾客行为,有的放矢地制定营销策略。

本书适用于高等院校旅游和饭店管理专业使用,也可供从事旅游和饭店管理的工作人员使用。

图书在版编目(CIP)数据

饭店营销策划 / 李博豪主编. — 西安 : 西安
交通大学出版社,2023.7
新文科·普通高等教育休闲旅游"十四五"系列教材
ISBN 978 - 7 - 5693 - 2729 - 8

Ⅰ. ①饭… Ⅱ. ①李… Ⅲ. ①饭店-营销策划-
高等学校-教材 Ⅳ. ①F719.2

中国版本图书馆 CIP 数据核字(2022)第 143775 号

书 名	饭店营销策划	
	FANDIAN YINGXIAO CEHUA	
主 编	李博豪	
责任编辑	崔永政	
责任校对	郭 剑	
装帧设计	伍 胜	

出版发行　西安交通大学出版社
　　　　　(西安市兴庆南路 1 号　邮政编码 710048)
网　　址　http://www.xjtupress.com
电　　话　(029)82668357　82667874(市场营销中心)
　　　　　(029)82668315(总编办)
传　　真　(029)82668280
印　　刷　西安日报社印务中心

开　　本　787 mm×1092 mm　1/16　印张 10.75　字数 242 千字
版次印次　2023 年 7 月第 1 版　2023 年 7 月第 1 次印刷
书　　号　ISBN 978 - 7 - 5693 - 2729 - 8
定　　价　35.00 元

新文科·普通高等教育休闲旅游"十四五"系列教材

编委会

总序

去年下半年,老同事兼老友刘住校长约我为本套丛书写序。其实他才是丛书序的最佳作者人选,因为他是策划人、组织者和审稿人。

将由西安交通大学出版社出版的《新文科·普通高等教育休闲旅游"十四五"系列教材》,是历经 20 余年酝酿、沉淀、打磨并最终成书的经年力作。20 余年前,担任上海旅游高等专科学校校长的刘住教授,在参加国际交流之际,发现了一套西方国家高校休闲旅游教案合集。他认为这套书的主题、形式和内容对我国高等旅游教育很有参考价值,有意推荐给国内,并得到外方授权。我清晰记得当我还在国家旅游局人教司工作时,刘校长就多次向我提及这一想法。最后一次谈及此事,是在他退休之后的 2019 年。20 余年间,围绕此套书的研究借鉴没有中断,对中国式休闲旅游的实践总结和学理提升没有中断,创作一套融汇中外、交融知行的休闲旅游教材的努力没有中断。一如美酒的酿制,精心制作而后窖藏,历久弥醇。

休闲旅游是本套教材的主题,也是最切合我国旅游业当下发展阶段的命题,与时俱进是本套教材的显著特点。我国现代旅游业起步于改革开放,至少在起步后的大约 30 年间,我国旅游业的基本形态和特质是观光旅游。大约 10 年前,我国旅游业伴随着经济发展阶段的提升和消费升级,开始向休闲旅游过渡。当前旅游业新老形态并存。最大的行业偏向是部分管理层满脑子观光旅游,却要面对相去甚远的休闲旅游趋势。

我国旅游科研和教育的本底来自观光旅游,来自旅游业发展的初级阶段;对休闲旅游的认知还刚刚起步。我国休闲旅游业的发展,明显受到不少行业管理者和较多从业人员认知缺乏甚至误解的阻碍。用观光旅游的认知无法理解休闲旅游,只有用不带偏见的思维才能把握休闲旅游的规律。所以,本套教材的编著和出版,具有深远的现实意义:既有利于学生学以致用,也有助于产业实践。

在国际视域之下,对中国旅游业波澜壮阔的伟大实践进行理论概括和创新探索,是本套教材又一特点。作者没有怯于国际同行在产业实践和科研教学方面先行一步,没有囿于他们的理论和结论,也没有照抄照搬脱离本国国情的西方观点,而是植根于我国旅游业实际,以中国话语,讲中国模式。书中大多数案例的选择和阐发,众多观点的提出和理论总结,都具有显著理论和实践价值;有的观点还绽放出创新的光芒。当然,可能某些观点和结论还有待商榷,有待历史检验,但这种创新精神和中国立场无疑是值得肯定的。

本套教材的作者群体主要来自部分省区高等职业院校旅游专业一线教学科研岗位的实战型教师、学科带头人和院系领导。这个作者阵容与"211"和"985"高校相比,称不上豪华,也算不上头部和著名,但是就全球和全国旅游高等教育而言,最被行业认可、最有水平的旅游专业和院校,基本并不来自传统名校;在世界和我国排在前50名的高校中,甚至都没有旅游专业。牛津、剑桥和哈佛大学,清华、北大本科层面都没有旅游专业,倒是在著名高校领域排不上号的瑞士洛桑旅馆学校和夏威夷大学旅游学院之类的院校,在业内久负盛名。在我国,实力派旅游专业大部分同样不在名校,而在二、三、四流院校。不少非主流院校的旅游专业,反而基本代表了国家旅游教育的水平。而他们的作品,值得学习,堪为教材!原国家旅游局副局长孙钢同志曾称赞地方职业院校的旅游专业老师群体"架子不大,本事不小"。这个群体最大的优势就是动手能力强,洞察产业实际,刻苦务实,学养不差。到底价值如何,还是由阅读学习来证明吧。

肖潜辉

2022 年 6 月

前言

饭店行业是我国服务行业的重要组成部分。

改革开放 40 多年以来,随着经济的快速发展,我国饭店行业经历了从小到大、从弱到强、从不规范到规范、从服务单一到服务全面的发展历程,在经营规模和管理水平上都取得了很大的扩展和提高。目前,我国饭店业的发展已逐渐进入品牌化、多元化、信息化和国际化的发展阶段。2010—2019 年,我国饭店数量总体呈每年增长态势,平均每年增速为 4%。截至 2019 年,我国饭店数量为 88.4 万家,同比增长 2%,饭店业市场规模为 5386 亿元,同比增长 2%。国家统计局数据显示,2019 年,全年国内生产总值为 990865 亿元,比上年增长 6.1%;人均国内生产总值为 70892 元,比上年增长 5.7%;国民总收入为 988458 亿元,比上年增长 6.2%。这不仅意味着中国经济总量的扩大,也表明中国经济质量稳步提升,人民生活水平逐渐提高。随着旅游业的飞速发展,我国饭店行业将迎来更加灿烂辉煌的明天。

饭店行业作为第三产业的代表之一,同样需要大量的营销策划管理人才,这就要求我们要不失时机地开展饭店营销策划人才的培养,为新时代饭店健康发展输送新鲜的血液。本教材立足于 21 世纪饭店管理人才培养的需要,突出对学生市场观念、竞争意识、创新意识和实践意识的培养,提高他们运用市场营销的基本理论、原理和方法去发现、分析和解决饭店营销策划问题的能力。

饭店营销策划是休闲旅游和旅游与酒店类管理专业的一门主干课程,主要培养学生饭店市场营销的相关知识和技能,拓展学生的知识结构,增强学生的就业能力,加强学生的动手操作能力,使学生具备分析饭店营销环境的能力,及时跟踪顾客行为,有的放矢地制定营销策略,同时培养学生进行饭店营销调研、市场细分、市场定位的能力,培养具有现代饭店营销理念的高级人才。

本教材共分为八章,包括饭店营销概述、饭店的经营理念与战略、饭店营销环境、饭店客户关系管理、饭店营销组合策略、饭店促销策略、饭店营销策划管理、饭店营销预算。

　　本教材由李博豪担任主编,徐涛、张彩琴、仝彩霞、刘惠鸽担任副主编。具体分工为:第一章和第四章由刘惠鸽编写;第二章和第五章由张雅青编写;第三章和第六章由张彩琴编写;第七章和第八章由仝彩霞编写。

　　本教材在编写过程中,引用了多位专家、学者的相关文献,谨在此一并致谢。由于编者的水平和能力有限,疏漏难免,恳请读者提出批评与建议,以便日后改正和完善。

编者
2022 年 6 月

目录

第一章　饭店营销概述 …………………………………………………… (001)

第一节　饭店营销概述 ………………………………………………… (002)

第二节　饭店营销观念的内容及演变 ………………………………… (004)

第三节　营销新理念在饭店业的运用 ………………………………… (009)

第二章　饭店的经营理念与战略 ………………………………………… (020)

第一节　饭店的经营理念 ……………………………………………… (021)

第二节　饭店的经营战略 ……………………………………………… (023)

第三章　饭店营销环境 …………………………………………………… (032)

第一节　饭店营销宏观环境分析 ……………………………………… (033)

第二节　饭店营销微观环境分析 ……………………………………… (037)

第三节　饭店市场营销机会风险分析 ………………………………… (040)

第四章　饭店客户关系管理 ……………………………………………… (047)

第一节　客户关系管理概述 …………………………………………… (048)

第二节　客户信息的收集和客户档案的建立 ………………………… (054)

第三节　重点客户的管理 ……………………………………………… (062)

第四节　饭店客户关系管理的实施 …………………………………… (063)

第五章　饭店营销组合策略 ……………………………………………………（071）

第一节　饭店营销组合 ……………………………………………（072）

第二节　产品策略 …………………………………………………（075）

第三节　价格策略 …………………………………………………（081）

第四节　渠道策略 …………………………………………………（085）

第六章　饭店促销策略 ……………………………………………（090）

第一节　饭店促销概述 ……………………………………………（091）

第二节　饭店广告促销策略 ………………………………………（096）

第三节　饭店人员促销策略 ………………………………………（100）

第四节　饭店营业推广策略 ………………………………………（104）

第五节　饭店公共关系策略 ………………………………………（108）

第七章　饭店营销策划管理 ……………………………………（117）

第一节　饭店营销策划的概述 ……………………………………（118）

第二节　饭店营销策划的程序 ……………………………………（124）

第三节　饭店营销策划书的编制 …………………………………（132）

第八章　饭店营销预算 ……………………………………………（148）

第一节　饭店营销预算的构成 ……………………………………（149）

第二节　饭店营销预算的编制过程 ………………………………（152）

第三节　饭店营销预算的编制方法和运营中偏差的调整 ………（155）

参考文献 …………………………………………………………（162）

第一章 饭店营销概述

目前,我国饭店业所面临的形势是机遇与挑战并存,营销管理已经成为现代饭店管理体系中不可缺少的组成部分。本章首先对饭店营销的概念和内涵进行了界定,并讨论了饭店营销观念演变的五个阶段以及传统营销观念与现代营销观念在饭店实践中的具体体现。此外,本章还介绍了饭店营销管理体系、饭店市场营销理念。

思政目标

★引导学生用辩证的思维分析问题、判断问题,科学合理地做出决策

★引导学生树立我国饭店市场建设发展的信心,做好进入酒店行业的思想准备

学习目的

◆掌握饭店营销的基本概念

◆了解饭店营销观念的演进过程以及在饭店实践中的具体体现

◆熟悉饭店市场营销理念

案例导入

香格里拉的成功

香格里拉饭店与度假村是从 1971 年新加坡豪华香格里拉饭店的开业开始起步,很快便以其标准化的管理及个性化的服务赢得国际社会的认同,在亚洲的主要城市得以迅速发展。其总部设在中国香港,是亚洲最大的豪华饭店集团,并被许多权威机构评为世界最好的饭店集团之一,它所拥有的豪华饭店与度假村已成为最受人们欢迎的休闲度假目的地之一。香格里拉始终如一地把"顾客满意"当成企业经营思想的核心,并围绕它把其经营哲学浓缩于一句话——"由体贴入微的员工提供的亚洲式接待"。

与航空公司联合促销是香格里拉饭店互惠合作的手段之一,香格里拉与众多的航空公司推出频繁飞行旅行者计划。入住香格里拉饭店时,客人只要出示频繁飞行旅行者计划的会员证,就可得到众多公司给予的免费公里数或累计点数,如:每住宿一晚便可得到德国汉莎航空公司提供的 500 英里的优惠,美国西北航空公司、联合航空公司 500 英里的优惠。其他提供优

惠的航空公司有加拿大航空公司、新加坡航空公司、瑞士航空公司、澳大利亚航空公司、马来西亚航空公司、泰国航空公司等。

香格里拉饭店建立了一个"顾客服务中心",客人只需打一个电话就可以解决所有的问题。与原来各件事要查询不同的部门不同,客人只需打一个电话到顾客服务中心,一切问题均可解决,饭店也因此可以更好地掌握顾客信息,协调部门工作,及时满足顾客的需求。

在对待顾客投诉时,全体员工达成共识,绝不说不,即:"我们不必分清谁对谁错,只需分清什么是对什么是错。"让客人在心理上感觉他赢了,而员工在事实上做对了,这是最圆满的结局。每个员工时刻提醒自己多为客人着想,不仅在服务的具体功能上,而且在服务的心理效果上满足顾客。

第一节 饭店营销概述

营销科学的奠基人、美国学者菲利普·科特勒是这样为营销下定义的:"营销指的是通过合适的交流和促销,将合适的商品与服务在合适的时间和合适的场合销售给合适的人。"他认为营销学的核心概念包括:需要、产品、价值和满足、交易和交换、市场和营销管理。

盖里·特莱帕则这样界定营销:"了解顾客需要,使产品尽可能满足这些需要,劝说顾客满足自己的需要,最后,当客人愿意购买该产品时,保证购买方便。"

安德逊和兰姆希克认为:"营销的真正意义在于听取市场需求,满足需求,创造利润。据此,出色的营销自然应该意味着,你比自己的竞争者更注意倾听市场意见,也比竞争者能更有效地满足市场需求。"他们把营销定义得更加具体化、通俗化。

综合上述观点,现在我们可以比较清楚地知道,营销应该具有以下六项要素。

(1)满足顾客需要。营销活动的首要任务应是发现并满足顾客需要。顾客已经有了什么,他们还缺少什么,这两者之间一定存在差距:顾客需要什么,他们对自己的需要是否已经意识到,这些都是从事营销的人必须努力了解的。

(2)营销具有连续性。营销是一种连续不断的管理活动,不是一次性的决策;后者只能被看做整个营销管理的一项内容。

(3)营销应有步骤地进行。良好的营销是一个过程,应有序地步步去做。

(4)营销调研起着关键作用。营销活动如要有效地进行,必须要进行营销调研,唯此才能预见并确认顾客需求。

(5)企业内部各部门之间必须发挥团队精神,通力合作。企业的任何一个部门都不可能独立地承担营销的全部活动,没有各个部门的精诚合作,营销便不可能成功,企业便不能游刃有余地参与市场竞争。

(6)企业还应注意与同行、相关行业搞好合作。同一行业及相关行业中的各企业,在进行营销时有着许多合作机会,既竞争又合作,整个行业才能蒸蒸日上。

现在我们为饭店营销做如下界定:饭店营销是一种持续不断、有步骤、有目的地进行的管理过程,饭店管理人员通过市场调研,了解顾客需要,然后努力提供适合这种需要的产品与服务,使顾客满意、饭店获利。饭店营销成功的最基本条件,在于其全体员工的共同努力以及饭店与同行及相关行业的企业之间的精诚合作。

阅读材料

宾客需要的是什么

对任何一家饭店来说,要赢得宾客,首先得了解宾客。康伯纳曾说过:"不要以自己的喜好去对待别人,每个人的品位都有不同。"这句话表明,在服务中最好的方式是以宾客想要的方式为他们服务,要做到这一点,就必须深入了解宾客,想宾客之所想。

1.宾客需要诚挚的关心和爱护

宾客满意是至关重要的。那么,什么是宾客满意呢?我们可以这样定义:宾客满意是宾客对饭店服务体验的程度。宾客在饭店所有区域、所有服务功能和所有人群中,所遇到的问题都得到了圆满的解决,则饭店从他身上获得的收益将三倍于一个从未遇到任何问题的宾客。之所以会有这样的结果,原因在于当问题得到圆满解决时,宾客会有一种被关怀感,心理上得到深深的满足,并激发起对饭店的信任,从而在消费过程中忠诚于饭店。

卡尔·阿尔布雷克特和罗詹姆克合著的《为美国服务》一书在美国是最畅销的书籍之一。这本书提出了"服务三角形"模型,其组成部分是宾客、服务策略、职员和系统。模型中心部分是宾客,书中鲜明地提出了现代服务管理必须以宾客为中心,以满足宾客需求为首要任务,全心全意为宾客提供服务。希尔顿集团将这本书作为管理人员必读书,并把它作为服务宗旨向全体员工灌输。位于美国俄亥俄州卡顿市的希尔顿饭店的每间客房里都有一张《致宾客》的卡片,上面写道:"希尔顿饭店是为宾客服务的有感情的人的组织,而不是赚钱的机器。希望这儿成为您的第二个家,希望那些您爱的人在梦里或头脑中和您在一起。也许我们不能相识,但希望您像在家里一样舒适、愉快。也许是工作把您带到这里,希望您一切顺利,如果您将离开,那祝福您一路平安。我们每个人都是人生的旅行者,从出生走向人生终点。希望您在每一个驿站都生活得充实、快乐,有益于社会并与那些深爱您的人一同分享。"这封短信文采飞扬,感情真挚,极富感染力。在希尔顿饭店看来,每一位宾客在生活中的每一个驿站,都有得到家庭般温暖的愿望,饭店要把宾客看做是自己的家庭成员一样给予关心和爱护,这是赢得宾客的关键。正是这一深入宾客心理深层次的服务,使得希尔顿饭店生意兴隆,并与众不同。要做到把宾客视为家人,仅仅强调文明、礼貌服务显然是不够的。只有每一位员工都把宾客装在心里,才能做到微笑时亲切、自然,对客人提出的每一个问题都能给予最大的帮助,尽量为宾客提供超值服务,如记住宾客的生日,发现他们的难处并帮助解决,给他们带来意外的快乐等。有了这些,宾客每到这个饭店,就会自然而然地感觉到像回家一样。

2.宾客需要一步到位的服务

美国西蒂公司服务战略的基点是:急宾客之所急。该公司主管宾客事务的主任黛娜·内莫洛夫说:"宾客的需要往往是简单的,我们的责任是让宾客的需要及时和完全地得到满足。

宾客是我们的上帝和真正的老板。"对宾客的需求,即使是一件小事,成功的饭店必然是以高效的、优质的服务来帮助宾客并赢得宾客的信任。21世纪的宾客,对饭店所提供的服务效率是十分讲究的。无论是旅行者还是商务客人,时间安排得都很紧,他们在遇到问题时,都希望能得到一步到位的服务,并在被服务的过程中得到尊重和理解。为此,饭店上上下下都要牢固树立"急宾客之所急、想宾客之所想"的理念,对宾客的要求,接待的服务员要尽快帮助满足,即使是涉及其他岗位,也不能随便指一下方向了事,否则很容易使宾客感到是服务的员工在指挥他。

有这样一个案例:一天,一位员工接到一个查询电话后,二话没说,就把电话转到总台。很明显,这位员工的做法是错误的,因为他没有为宾客提供任何帮助,未等宾客说完就转电话,这不仅很不礼貌,而且是怠慢和推诿。这样的服务必然会损害宾客的尊严。其实,对于大部分宾客来说,他们并不知道应该直接找哪个岗位的服务员,在宾客的心里,饭店的每一位员工都是可以为他提供帮助和服务的对象,被寻求帮助的员工客观上便代表了这个饭店。饭店的员工应以为每一个走入饭店的宾客提供服务为天职。只有这样,宾客才会每时每刻都能得到一步到位的、高效的服务。

3. 宾客需要得到绝对尊重

"关键时刻"这个词现在已成为服务管理的中心议题。美国SAS公司的总裁简·卡尔文曾经用这个词在公司陷入困境的时候鼓励员工。他让员工们确信每一次与宾客的接触都是一个关键时刻,关键时刻是每天、每时、在每个人身上发生的。这种"关键时刻"的意识,使得公司在两年时间内从濒临破产走向了赢利。与一般企业相比,饭店对员工服务意识的要求无疑应该更高一些,因为饭店出售的产品就是服务。宾客到达饭店以后,在每一个场所、每一个与员工接触的地方都需要得到绝对尊重,因此,饭店员工的一言一行,都会对宾客的消费产生重大影响。

有人认为,饭店服务的关键时刻是吸引宾客入住和消费,总台、预订及其他直接对客服务岗点最重要。其实,宾客光临饭店的任何一个岗点,只需经过短暂的接触,便会对饭店的服务质量有所了解,任何一次令宾客不悦的经历都会使饭店永久地失去宾客。即使是没有员工直接参与的地方,如停车场是否整齐有序、电梯是否整洁明亮,这些也都是潜在的关键时刻。要使宾客时时满意,有必要进一步加强对员工爱店、爱岗的教育,并在培训中,把公共意识作为行为规范进行全员灌输。只有这样,饭店才能留住宾客。在饭店业竞争日趋激烈的今天,每一位饭店员工都要把宾客看成饭店最宝贵的财富,真诚、热情地为宾客服务,这样才能争取宾客,获得新的财富。

第二节　饭店营销观念的内容及演变

一、饭店营销观念的内容

饭店营销观念属于市场营销管理哲学的范畴,可以理解为饭店企业在开展市场营销管理的过程中,在处理企业、顾客和社会三者利益方面所持的态度、思想和观念。

二、饭店营销观念的演变

饭店营销观念在历史上主要分为五个阶段——生产观念阶段、产品观念阶段、推销观念阶段、营销观念阶段、社会营销观念阶段。决定这一演变过程的主要因素有：技术进步、生产效率提高、竞争加剧、市场需要增加、消费者需求多样化、管理现代化以及社会价值观念变化等。

（一）生产观念阶段

在这个阶段，饭店的经营核心就是抓生产，要求饭店所有的经营活动都要围绕着生产产品进行。简单地说，就是我的饭店有什么样的产品，你就享受什么样的产品服务。在这个阶段，饭店经营者们主要想的是：首先，怎样生产和提供更多的产品来提高自己的收益；其次，怎样降低饭店的生产成本；第三，如何采用新的技术，从而加大员工的劳动效率。

这种生产观念在以下两种情况下是合理、可行的：一是物资短缺条件下，饭店提供的产品供不应求时，此时消费者最关心的是能否享受产品服务，而饭店经营者以生产观念为指导，不断扩大生产、保证供给，从客观上讲，也就是满足了市场的需求；二是由于产品成本过高而导致产品的市场价格居高不下时，在这种情况下，饭店经营者以生产观念为指导，不断改进生产，提高生产效率，降低成本，在短期内能够取得比较好的营销效果。因此，到 20 世纪 30 年代前，不少企业都以生产观念作为指导。

（二）产品观念阶段

在这个阶段，饭店主要认为：客人喜欢良好的设施和优质的服务，因此饭店工作的核心是提供良好的设施和优质的服务。这种思想与生产观念并行，也是一种以生产为经营核心的营销观念。在"酒香不怕巷子深"思想的指导下，饭店将自己全部的精力都集中在对饭店自身产品的开发上，只注重客房的整洁和餐食的质量，而未将目光集中在市场需求的变化上。其主要特点为：①饭店企业把主要精力放在饭店产品的改进和生产上，追求高质量、多功能；②轻视推销，单纯强调以产品本身来吸引顾客，一味排斥其他促销手段；③饭店企业管理中仍以生产部门为主要部门，但加强了生产过程中的质量控制。这种"以质取胜"的思想较市场同类产品有一定的优势，比纯粹的生产观念有了一定的进步，但实际上，客人来自五湖四海，他们的需求不仅千差万别，而且不断变化。饭店的设施与服务再好，若不考虑客人的需求，也是无的放矢。因此，这种忽视对消费市场的探究，不研究消费者不断变化需求的观念是跟不上时代潮流的。

（三）推销观念阶段

经济的发展，使得商品开始达到供求平衡。尤其在饭店经营管理中，为了防止产品的积压，饭店企业经营者们不得不花时间和精力在对自己产品感兴趣的顾客身上，或者通过大张旗鼓的广告宣传吸引和招徕顾客，从以前单纯的抓生产和产品，过渡到一手抓生产一手抓推销。但这种"生产什么就推销什么"的营销思路仍然没有摆脱"以产定销"的范畴。虽然那时大多数经营者已经开始将饭店的经营注意力转向顾客,但仍是只管销售,不考虑顾客的满意与否,这是它的最大弊病。现在从我国饭店业经营的市场情况来分析,正是要摆脱推销观念的时期,所以说,饭店经营者们要从经营指导思想上下功夫。

然而,推销观念注重的仍然是饭店企业的产品和利润,不注重市场需求的研究和满足,不注重顾客利益和社会利益。强行推销不仅会引起顾客的反感,也会影响营销效果,而且可能使顾客在不自愿的情况下购买了不需要的商品,严重损害了顾客的利益。

推销产品只是饭店市场营销中的一部分,而且不是最重要的部分。正如菲利普·科特勒所言:"推销只不过是营销冰山上的顶峰。推销要变得有效,必须以其他营销功能为前提。"著名管理学家彼得·德鲁克也指出:"可以设想,某些推销工作总是需要的。然而,营销的目的就是要使推销成为多余。营销的目的在于深刻地认识和了解顾客,从而使产品或服务完全适合顾客的需要而形成饭店产品自我销售。"推销作为市场营销活动的一种职能,无论是过去、现在或将来,都会被饭店企业所采用,在饭店企业的市场营销中发挥一定的作用。但是,推销观念作为企业营销的一种指导思想,已不适应社会发展的需要。因此,现代企业的市场营销,必须摒弃产品导向的营销观念,树立以消费者需求为导向的现代市场营销观念。

表1-1是三种饭店企业产品导向营销观念的比较情况。

表1-1　三种饭店企业产品导向营销观念的比较情况

营销观念	主要观点	营销目的	适用条件
生产导向观念	饭店企业能生产什么,顾客就喜欢什么	提高效率、降低成本	产品供不应求
产品导向观念	顾客喜欢质量高的产品,饭店企业必须致力于产品质量的改进和提高	提高质量、增加功能	产品供求平衡
推销导向观念	顾客具有惰性,没有外力的推动不会购买,饭店企业必须同时注重生产和推销	重视生产、加强推销	产品供过于求

(四)营销观念阶段

饭店产品供大于求,市场竞争激烈的情况下,为保证饭店客房、餐饮等产品的顺利销售,"以顾客为中心""客人是没有错的"等新的指导思想就应运而生了。顾客需求什么,饭店企业就生产什么,把满足消费者的需求贯穿于饭店经营管理的全过程。不仅如此,饭店还通过对市场的研究和分析,开发和准备满足消费者的潜在需求。由此可见,营销观念取代推销观念是一次在饭店业内有关经营思想的根本性变革。具体地讲,营销观念要研究其整体的经营规划,改造和完善饭店设备设施,提高全员的服务意识、销售意识以及饭店的全局意识,调整饭店的营销组合策略,使饭店的产品在最大的程度上满足目标市场顾客的需求。除此之外,饭店还要随时注意外部环境的变化,从而获得商机,或者对企业近、远期的发展趋势预测,以此来协助饭店抓住商机,最终实现饭店的总体目标。

(五)社会营销观念阶段

社会营销观念是五种营销理念中较新的一种观念。这一观念认为,置身于社会整体中的饭店和别的任何企业一样,不能孤立地追求一己的利益,而必须使自己的行为符合整个社会与经济发展的需要,力求在创造饭店或企业的经济效益的同时,能为整个社会的发展做出贡献,创造社会效益。

进入 20 世纪 70 年代以后,市场营销环境发生了一系列新的变化:环境恶化、资源短缺、人口激增、世界性通货膨胀等,人们越来越清楚地认识到环境与资源保护的重要性,社会营销观念主要是在这种背景下提出的。一些国际连锁饭店在这方面已经开始做出值得赞赏的努力。如为了减少树木砍伐而节约纸张,它们提供的卫生纸是用再生纸做的;办公室的一些非正式文件使用电传纸的反面打印;在客房里放置小册子,宣传保护环境与资源的日常方法,如为节约水资源而减少棉织品的洗涤次数,取消一次性牙具等;组织饭店员工参加植树活动等。世界旅游组织为鼓励饭店业参与环境保护,曾在 1990 年表彰了在这方面做出成绩的美国华美达(Ramada)饭店集团。许多国际饭店集团也积极开展 ISO14000 环保认证,以期提升其在环境管理方面的水平。目前,"绿色营销"已成为国际饭店业的一种潮流。

以上我们介绍了营销观念的演变。从整体而言,世界饭店业已经广泛地接受了营销导向和社会营销导向这两种比前三种先进、科学的观念,而我国一些管理出色的饭店或饭店集团(如锦江、华住、首旅、格林和东呈等)也已实施营销导向或社会营销导向,并取得成绩。因此,在中国饭店业市场不断进步、不断成熟且竞争激烈的今天,饭店经营者更应该明白,不能仅仅满足于目前对市场需求的了解,更没有理由因为一时供不应求而放松市场调研,要注重满足消费者需求,在取得合理利润之外,更要保护环境,减少公害,维持一个健康和谐的社会。

所以,我们必须要求现在和将来的饭店管理者学习和掌握现代营销观念,用先进、科学的饭店社会营销观念来武装自己,成为真正意义上的眼光远大的饭店管理者、经营家。

三、传统饭店营销观念与现代饭店营销观念的区别

我们按照以生产者为中心还是以消费者为中心,把以上观念分为传统饭店营销观念与现代饭店营销观念。传统饭店营销观念是指生产观念、产品观念、推销观念;现代饭店营销观念是指营销观念和社会营销观念。

(一)传统饭店营销观念

传统饭店营销观念在饭店业的常见表现如下。

(1)"酒香不怕巷子深"的传统观念。这种观念认为饭店能有一两种特色产品(如餐饮方面的特色产品),便能保证顾客源源不断地自动登门。

(2)对于顾客的需求研究不够。只要有人投宿和用餐,就不去注意了解顾客情况:是哪些人常来投宿或用餐?为什么来本店而不去其他店?他们有哪些需求?这些需求又会如何变化?

(3)对长期计划重视不够,认为长期计划与企业的日常经营管理无多大关系,不会给饭店增加客源,提高利润。

(4)促销时只强调自己的产品及其特色,不注重顾客需求,不考虑如何更好地去满足他们的需求。

(5)缺乏危机意识。整个行业经营状况良好时缺少忧患意识,以为这种状况会长期持续下去,因此自满自足,不够清醒,不能做到:在别人只看到成绩的时候,自己能看到问题;在别人只看到进步的时候,自己能看到困难;在别人陶醉于现状的时候,自己能预见将来可能出现的问题。

(6)主要管理人员常常只凭自己的经验和主观猜测进行决策,缺乏可行性研究。

(7)各部门之间缺乏协调,本位主义、"孤岛意识"在一些部门的负责人头脑中占统治地位,总以为自己的部门最重要。

(8)产品雷同,缺少特色。别人设置韩国烧烤,自己也设置;别人搞练歌房,自己也搞……一哄而上地推出同样的产品和服务,是"懒汉哲学"的产物。

(9)缺乏全员营销的观念,以为销售只是销售人员的事,别人不必过问和努力。通常顾客要求什么就提供什么,平时提供什么就提供什么,不多也不少。很少有人(总台、餐厅服务员等)主动向客人推荐饭店的产品与服务。

(10)追求短期利益,只注重每次产品销售,希望通过从每次销售中获取利润,忽视对顾客忠诚度的维护,不重视顾客的终身价值。

以上这些,实际上就是"营销近视症"在饭店业的常见表现。营销近视症的主要危害在于使有关饭店不能适应市场需求的变化,尤其是在出现一些不可控制的外部因素(包括发生社会动荡、经济萧条、汇率变动等重大变化)时,饭店往往因此而陷于十分被动的局面。

(二)现代饭店营销观念

现代饭店营销观念的主要特征如下。

(1)顾客需求被视为最优先考虑的事。各级管理人员及员工均认识到满足客人需求的重要意义,因而在与客人的接触中,察言观色,注意细节,随时发现与了解客人(不只是笼统的一般的客人,而是一个个活生生、站在自己面前的客人)的需求,并设法满足之。

(2)注意市场调研。通过各种途径(如发放客人意见征求表、访问重要客户、听取客人投诉等),持续不断地了解客人及其需求。这种市场调研不是心血来潮或上级要求时偶尔为之,而是有计划地进行,有专人负责。

(3)及时了解竞争对手,了解其产品,了解其新的竞争手段。这样做不是为了简单地模仿和单纯地抄袭,而是为了了解市场需求和竞争中的新趋势、新特点、新招式,从而结合自己的优势与短处,开发自己的特色产品、服务与竞争手段。

(4)提高顾客忠诚度,注重顾客的终身价值。一般来说,顾客流失的损失比保持顾客的费用高,吸引新顾客的费用大于该顾客的终身价值,且老顾客也可以带来新顾客。

(5)了解本企业在客人心目中的形象。所谓形象,与其说是企业公关销售人员期望在客人心目中努力营造的形象,不如说是客人心目中实际存在的关于企业的印象总和。公关销售人员可以努力地去为自己的企业创造一个良好的形象,但一个企业的实际形象却是由企业的全体人员以及企业的产品和服务所塑造成的。了解本企业在客人心目中的形象,意味着企业能够正确地进行市场定位,向合适的客人提供合适的产品与服务。

(6)重视并鼓励企业内部各部门之间的合作。饭店高层管理人员应重视团队精神的发挥,他们自己是团队精神的体现者,同时又不断地向部门经理们灌输这种精神。"任何部门的任何问题都是饭店的问题,可能影响客人对饭店的印象,影响饭店的形象。"具有这种思想的饭店高层管理人员不会允许各个部门画地为牢,各设樊篱。

(7)充分认识到与相关单位或企业搞好合作的重要性,重视公共关系。在可能时为相关单位或企业提供必要的帮助和支持,不以邻为壑,不作壁上观。

(8)支持变革。懂得"世界上的一切都在变化,唯一不变的是'变化'本身"这一道理,因此能用积极的态度对待变化与变革。所谓积极的态度,指的是欢迎变化,支持变革,随时准备改变自己,以顺应潮流,适应变化。这适用于客人需求变化、员工价值观念变化、外部条件变化、内部规章制度变化等。

(9)对营销活动经常进行评估。营销计划(短期和长期的)不是一纸空文,不能"嘴上夸夸,墙上挂挂"。经常性的评估能使饭店高层管理人员及销售人员了解哪些营销策略或活动行之有效,哪些并不有效;哪些应该继续进行,哪些必须修改或放弃。唯有如此,营销费用与耗费在营销活动上的人力资源才不致浪费。

(10)具备全员营销意识。营销绝不是市场销售部一个部门的事情,它应渗透于饭店的每一个部门,贯穿于每一道工作过程,落实到每一个人。饭店所有的工作都紧紧围绕着"营销"二字进行,以全面优质管理作为基本保证,做到饭店中每一个直接接触顾客的员工都具备强烈的营销意识,在企业内形成一种人人关心、处处支持营销的工作氛围。通过员工的努力树立企业形象,扩大企业知名度,使更多的顾客前来消费,大幅度提高饭店的经济效益。

第三节　营销新理念在饭店业的运用

营销新理念包括绿色营销、关系营销、文化营销、服务营销、体验营销等。

一、绿色营销

(一)绿色营销的含义

绿色营销(green marketing),是随着环保意识的日益增强和绿色浪潮的到来,营销观念必须重新定位的产物。它是指企业在经营活动中要体现"绿色"理念,即在营销中要注意对生态环境的保护,促进经济与生态的协调发展,为实现企业自身利益、消费者和社会利益,以及生态环境利益的统一而对产品、定价、分销和促销进行策划与实施。它要求在营销活动中把"无废无污""无不良成分"及"无副作用"贯穿于整个市场营销活动之中。绿色营销体现了人与自然和谐相处,是当今世界营销发展的大趋势和必由之路。

绿色营销至少包括以下含义:市场营销的观念是绿色的,以节约能源、资源和保护生态环境为中心,强调污染防治、资源的充分利用与再生利用以及新能源的开发;绿色营销企业所属的行业是绿色的,或者说其生产经营的产品是绿色的,其有节约能源、资源,利用新型能源,或者促使资源再生利用等优点;绿色营销强调企业服务的不仅是顾客,而且是整个社会,关注的不是近期而是长期;绿色营销不仅是要从自然中索取,更要强化对大自然的保护,在营销活动的全过程中时时注意对环境的影响。从出发点上看,绿色营销有两种:一是基于饭店企业自身的利益降低成本,满足消费者的绿色消费需求,从而获得更多的市场机会,占有更大的竞争优势;二是基于社会道义而进行的,社会要求必须有环保意识,必须进行可持续发展,维护全社会的公共利益。

(二)绿色营销的特点

从市场经济整体过程理解,绿色营销是指企业在充分满足消费者的需求,争取适度利润和发展水平的同时,注重自然生态平衡,减少环境污染,保护和节约自然资源,维护人类社会的长远利益和长期发展,将环保视为企业生存、发展的条件和机会的一种新型营销观念的活动。绿色营销是现代市场营销发展的一个重要方面,也是对传统营销的延伸和扩展,从营销内容和营销过程来看,它与传统营销是一致的。与传统营销相比,绿色营销只不过更强调人类社会生活环境的利益,讲究企业活动和发展要与环境保护、生态平衡相协调,从根本上保护消费者、社会,尤其是生态环境、企业三者的共同利益,最终实现企业和人类社会的持续发展。

(三)绿色营销理念的产生和发展

20世纪60年代以来,人们认识到传统工业文明所信守的"人本主义"和"功利主义"的弊端:人本主义夸大人对自然界的中心地位和能动作用,忽视人对自然界永恒的和绝对的依赖性;功利主义则不考虑生态价值和环境成本,用涸泽而渔的方式满足人类的短期需求,忽略资源的持续利用和人类的长期福祉。以"可持续发展"为旗帜、以崇尚人与自然互惠协调发展为特征的新功利主义和新人本主义为越来越多的人所接受,绿色文明作为一种追求环境与人类和谐生存、发展的新型文明开始在全球放射出希望的曙光。绿色营销就是在这样的背景下产生的。

绿色营销理念的产生和发展也有其特定的外在环境因素。其中,全球环境的恶化是产生绿色营销的外在压力因素;国际社会和各国政府的努力是绿色营销的强制引导因素;经济和技术的进步是绿色营销的特质保障因素;绿色运动和公共传媒的冲击是绿色营销的社会因素。

二、关系营销

(一)关系营销的含义

传统的营销观念的核心是促成交易的完成,关系营销把营销的重点放在与顾客关系的建立、发展和维护上,把包括交易在内的与顾客的每一次接触视为维系企业与顾客关系的一个步骤。

关系营销包括两个基本点:首先,在宏观上,认识到市场营销会对范围很广的一系列领域(包括顾客市场、劳动力市场、供应市场、内部市场及利益相关者市场)产生影响;其次,在微观上,认识到企业与顾客相互关系不断改变,市场营销的核心从交易转到了关系。在这些观念的支持下,关系营销主张把客户关系作为企业营销的根本。

企业是社会经济大系统中的一个子系统,企业营销目标的实现要受到众多外在因素的影响。关系营销以系统论为基本指导思想,将企业置于社会经济大环境中来考察其市场营销活动,认为企业营销是一个与消费者、竞争者、供应商、分销商、政府机构和社会组织发生互动作用的过程,正确处理与这些个人和组织的关系是企业营销的核心,是企业成败的关键。关系营销将建立与发展相关个人及组织的关系作为企业市场营销的关键变量,把握住了现代市场竞争的特点,正因为此,关系营销被西方舆论界视为"对传统营销理论的一次革命"。

(二)关系营销理念的产生和发展

从发展史来看,现代市场营销在不同时期有其各自的侧重点。20 世纪 50 年代市场营销表现为消费品营销,20 世纪 60 年代的核心思想是产业市场营销,20 世纪 70 年代则是社会营销,20 世纪 80 年代服务营销成为了营销思想发展的核心,20 世纪 90 年代关系营销得到了越来越多的关注,在此过程中,大多数营销理论都是从对消费者市场的研究发展而来的。然而,对于产业和服务业市场的研究表明,这样的理念已经无法满足需要。于是,进入 20 世纪 80 年代后,西方企业界和学术界一批颇具发展眼光的人士大胆地突破传统市场营销框架的桎梏,积极寻求和创建适应当代企业竞争要求的营销理论与方法,一批颇有见地和创新的市场营销理论应运而生,关系营销便是其中的佼佼者。

(三)饭店关系营销的内容

1. 饭店和顾客的关系

饭店和顾客的关系是饭店关系营销中最基本的关系。饭店可以采取措施促使顾客长期购买和频繁购买,给予他们特别的优惠,可以建立较为稳定的关系,减少顾客的购买顾虑,降低购买风险,自然就减少交易时间。

2. 饭店营销链上的关系

任何一个饭店都和自己业务的上游和下游构成一个"营销链"。一个和谐稳定的营销链,可以减少交易成本,节省大量的人力和物力。

3. 饭店自身内部的关系

饭店内部关系包括部门之间的关系和员工之间的关系。饭店行业与其他行业的不同之处在于:这个行业的质量难以客观检测,也很难以标准化衡量,所以员工工作的主观性相对大得多。只有理顺饭店的内部关系,员工才能不带情绪地努力工作,才能带给顾客更好的体验和服务。

三、文化营销

(一)文化营销的含义

文化营销是一个组合概念,简要地说,就是利用文化力进行营销。文化营销是指企业营销人员及相关人员在企业核心价值观念的影响下所形成的营销理念,以及所塑造出的营销形象,两者在具体的市场运作过程中所形成的一种营销模式。文化营销,是指通过传递特定的文化来实施营销活动的过程。在这个过程中,营销人员努力构筑一个主题鲜明的活动,这类活动不是单纯地把某一件商品推销给消费者,而是努力与消费者达成默契,从消费者内心去影响和引导其行为。文化营销的概念在房地产、汽车销售、饮料食品行业中表现得最为淋漓尽致。这些产品无论在设计还是宣传包装上都传递着一种情感,文化品位、价值观念一览无遗。人们在购买这样的产品时,除了达到改善生活环境、追求幸福生活的目的外,还在无意间流露出购买者的事业、经历。

(二)文化营销特点

文化营销把企业营销活动的重点从交易的完成和实物的传递转到文化的传递中来,把每次与消费者的接触视为传递文化的机会,而不是一项单一的买卖、服务活动。这是与传统市场营销的根本区别,因此,文化营销有其鲜明的特点。首先,文化营销可以分为两个阶段,其一是文化传递,这是主要的阶段,是文化营销活动的重心所在;然后才是产品的实物转移,这个阶段是水到渠成的结果。其次,文化营销的目标是传递文化,而不是出售产品,仅以出售产品为目标是难以成功的,只有以传递文化为目标,提升产品在消费者心里的价值且占有市场,才能实现突出的销售业绩。再次,文化营销认为营销不再是某个职能部门的事,作为一种以传递文化为主的活动,文化营销强调全员参与,每一个员工与外界的接触都是传递文化的机会。最后,文化营销强调信息的双向沟通,而不是单向的信息传递。企业倡导的文化不是随意捏造的空中楼阁,而是来源于消费者,只有这样发展起来的文化才能被消费者广泛接受。

(三)文化营销的三个层面

在实际运作中,文化营销可以从以下三个层面展开。

1.产品或服务层面

这一层面上的文化营销就是推出能提高人们的生活质量、推动人们物质文明发展的产品或服务,并能引导一种新的、健康的消费方式和消费观念。人文景观饭店资源突出或者强化人们已经接受的或者容易接受的概念主题,对于自然景观饭店资源则要去发掘基于本资源的那些高于物质层面的精神性的内容。

2.品牌文化层面

这一层面上的文化营销就是用特定的文化内涵来塑造能给消费者带来极大尊严的品牌。品牌有无竞争力、能否成为名牌,并不主要取决于物理技术上的差异,而在于品牌是否具有丰富的文化内涵。

文化营销在品牌方面所做的工作,主要是在品牌的附加价值、象征意义、个性等几个方面。

3.企业文化层面

每个企业在产生和发展的过程中,都会形成自己独特的企业文化。企业文化渗透在企业的每个细节中,无声无息地影响着企业的生存和发展。在营销过程中,如果企业能够形成优秀的理念文化、行为文化、物质文化、制度文化,通过整合,必然会有效地传递给社会,产生良好的社会效益。在文化的几个层面中,理念文化是核心,它包括了一个企业的价值观、企业精神、企业道德。

在操作中,以上三个层面中的文化因子越统一,则营销的效果就越好。同时,文化应该有一个明确的定位,这种定位必须反映个性,随着社会主流文化的变迁,文化定位也将是一个动态的过程。

四、服务营销

(一)服务营销的含义

服务营销,既是从市场营销学中衍生出来的,也是对市场营销学的拓展,它把服务业的市场营销活动和实物产品市场营销活动中的服务作为研究对象。服务与实物产品本来就是相伴而生的,起初并无严格界限,正如斯密所说"没有任何评价标准可以明确地分开这两种产业(产品和服务)",但随着时代的发展,产品和服务表现出明显不同的倾向。实际上,在购买商品时,实物成分占主要地位;而购买服务时,则以非实物成分占主要地位。服务是产品,但又不同于一般产品,而是特殊产品,服务营销和实物产品营销存在着营销领域、程度和重心上的差异。

服务营销从两个角度切入,其一是研究服务业的整体市场营销活动;其二是实物产品市场营销活动中的服务。服务业泛指第三产业的各个行业,其社会覆盖面相当广阔,包括生产性服务业、生活性服务业、流通性服务业、知识性服务业及社会综合服务业等,每一类下面又分别包含众多的服务行业,其跨度之广、情况之复杂非第一、二产业可比。但不管哪类服务行业或企业,其市场营销行为均是服务营销的研究对象。实物产品市场营销中的服务亦是服务营销所关注的对象。服务已成为实物产品市场竞争的重要手段,而且它提供了形成产品附加价值和巨大竞争优势的潜力。

(二)服务营销的特点

服务营销是从市场营销中派生出来的,它从理论基础到结构框架都脱胎于市场营销。作为一门独立的学科,服务营销又有下列特点。

1.供求分散

服务营销活动中,服务产品的供求具有分散性——供方覆盖了第三产业的各个部门和行业,企业提供的服务广泛、分散;需求方更是涉及各类企业、社会团体,各部门和行业,以及千家万户不同类型的消费者。

2.营销方式单一

有形产品的市场可以多次转手,经批发、零售多个环节使产品到达消费者手中,因而其营销方式有经销、代理和直销等多种营销方式。服务营销具有生产与消费的统一性,因而只能采取直销方式,中间商的介入是不可能的,储存待售也不可能。

3.营销对象复杂

服务市场的购买者是多元的、广泛复杂的,购买服务的消费者的购买动机和目的各异,某一服务产品的购买者可能涉及社会各界的不同身份的个人。

4.消费者需求弹性大

根据马斯洛需要层次理论,人们的基本物质需要是较低层次的需要,满足这种需要的实物产品的需求弹性就小;而人们对精神文化消费的需要是较高层次的需要,对品质、个性化的要求较多,满足这种需要的服务的需求弹性较大。

5.对服务人员的技术、技能、技艺要求高

服务人员的技术、技能、技艺直接关系着服务质量,消费者对各种服务产品的质量要求也就是对服务人员的技术、技能、技艺的要求。

(三)服务营销学的产生和发展

1.服务营销学的产生

服务营销学于20世纪60年代兴起于西方。1966年,美国约翰·拉斯马尔(John Rathmall)教授首次对无形服务同有形实体产品进行区分,提出要以非传统的方法研究服务的市场营销问题。1974年他所著的第一本论述服务市场营销的专著面世,标志着服务市场营销学的产生。此外,在服务营销学的形成过程中,北欧以克里斯多弗·格龙罗斯(Christopher Gronroos)和詹姆斯·赫斯克特(James Heskett)为代表的诺迪克学派(Nordic School)起了巨大的推进作用。他们有关服务质量理论及服务营销管理理论成为服务营销学的重要理论支柱。

服务营销学的产生源于服务业的迅猛发展和产品营销中服务日益成为焦点的事实,随着经济的发展、服务业在国民经济中的日益扩大、产业升级与产业结构的优化,必然导致服务业的强劲发展和产品营销服务成为企业竞争焦点的局面。具体而言,服务业的发展与科学技术的进步和发展、社会分工和专门化、市场环境的变化、人们消费水平的提高等因素有着密切的关系。

2.服务营销学的发展

服务营销学脱胎于市场营销学,在自己的空间内得以茁壮成长。科特勒曾指出,服务是未来市场营销管理和市场营销学研究的主要领域之一。在欧美地区,服务营销学蓬勃发展。20世纪60年代以来,服务营销学的发展大致上可分为以下三个阶段。

第一阶段(20世纪60至70年代)是服务营销学脱胎阶段。该阶段是服务营销学刚从市场营销学中脱胎而出的时期,研究的主要内容包括:服务与有形实物产品的异同,服务的特征,服务营销学与市场营销学研究角度的差异。

第二阶段(20世纪80年代初至80年代中期)是服务营销学的理论探索阶段。该阶段主要探讨服务的特征,如何影响消费者的购买行为,尤其集中于消费者对服务的特质、优缺点及潜在的购买风险的评估。

第三阶段(20世纪80年代后期至今)是理论突破及实践阶段。这一阶段,市场营销学者们基于第二阶段取得的对服务基本特征的共识,集中研究了在传统的"4P组织"不够用来推广服务的情况下,究竟要增加哪些新的组合变量的问题。

五、体验营销

(一)体验营销的含义

所谓体验,就是指人们用一种从本质上说以个性化的方式来度过一段时间,并从中获得过程中呈现出的一系列可回忆的事件。与之相对的是,服务只是指由市场需求决定的一般性大

批量生产。正如服务经济的地位高于产品经济,体验经济高于服务经济。由于被赋予个性化之后会变得值得记忆,一项服务的顾客定制化就使它成为一种体验。如果顾客愿意为这类体验付费,那么体验本身也就可以看成是某种以经济为舞台、以商品为道具,围绕着消费者创造出值得回忆的活动。但体验营销学者们同时认为,只有当消费者和你在一起的时间收费时,你才算进入了体验业。体验营销(experience marketing)是美国战略地平线公司的创始人约瑟夫·派恩(B. Joseph Pine II)和詹姆斯·H. 吉尔摩(James H. Gilmore)在1998年首先提出的。他们认为体验营销应当是:"从消费者的感官、情感、行动、关联、思维五个方面重新定义、设计营销理念。"他们认为,消费者消费时是理性和感性兼具的,消费者在消费前、消费中和消费后的体验,是研究消费者行为与经营企业品牌的关键。现今的消费者不仅重视产品或服务给他带来的功能利益,更重视购买和消费产品或服务的过程中获得的符合自己心理需要和情趣偏好的特定体验。

(二)体验营销理念的产生和发展

与其他营销理念一样,体验营销的基本思想已经被很多企业所运用。在其正式定义问世之后,体验营销无论在营销知识界还是在商界,都获得了空前的发展。事实上这并非偶然,原因可归纳为以下几点。

1. 消费者需求层次的提高

在农业社会,人们只追求温饱的基本满足;在工业社会,生活水准由物质产品来衡量;在后工业社会,人们更加注重生活的质量,重视自己在心理上和精神上获得满足。体验可以说正是代表这种满足程度的经济提供物,以体验为基点的体验营销之所以产生并迅速发展是社会发展的结果。

2. 产品和服务的同质趋势

激烈的市场竞争使各行业提供的商品和服务越来越趋同,这种商品和服务的趋同无法满足消费者的个性化需要。因此,消费者越来越追求独特性的体验。

3. 先进企业对消费者的引导和示范

许多体验性消费是由少数先进企业首先引导和示范的。例如,在索尼公司推出"随身听"之前,消费者并没有想到收听音乐会如此方便;在苹果公司制造个人电脑之前,消费者不曾期望自己能够用上如此神奇的机器。

4. 现代科技的突出成就

如果说消费者对独特体验的渴求是体验消费盛行的内因,那么,现代科学技术的飞速发展则提供了各种体验消费的可能性。现在人们接触到的许多体验,如互联网游戏、网上聊天、虚拟社区等,都是因现代科技的飞速发展而满足人们的体验需求的。

(三)体验营销的主要策略

在体验消费盛行的今天,越来越多的企业开始意识到体验的战略意义。如何在消费过程中给消费者带来美的享受,体验营销有以下几种策略。

1.感官式营销策略

感官式营销是通过对消费者视觉、听觉、嗅觉和触觉的刺激建立感官上的体验;感官式营销可以增强消费者对公司和产品的识别能力,增加产品的附加值,诱发购买动机等。

2.情感式营销策略

情感式营销是在营销过程中触动消费者的内心情感,创造情感体验。情感既可以是温和的、正面的(如欢乐、自豪感),也可以是强烈的、激动的。情感式营销策略需要真正了解什么刺激可以引起什么情绪,并能使消费者自然地受到感染,融入这种情景中来。

3.思考式营销策略

思考式营销是启发人们的智力,创造性地使消费者获得认识、解决问题的体验。它运用计谋和诱惑,引发消费者产生统一或各异的想法。

4.行动式营销策略

行动式营销是通过偶像角色(如影视歌星、运动明星)来激发消费者,使其生活形态发生改变,从而实现产品的销售。

5.关联式营销策略

关联式营销包含感官、情感、思考和行动等。

阅读材料

现代饭店业服务营销的管理策略

现代经济正发生着深刻的结构性变化,以服务为主要特征的服务经济已蓬勃兴起。饭店业作为服务业中一个传统而又富有活力的产业,近十几年来取得了突飞猛进的发展,它所体现的经典服务内涵,更为经济及服务管理专家所推崇。然而从微观来看,即使在服务业已相当发达的欧美国家,饭店业仍暴露出某些方面服务水平低下的迹象,其重要原因是传统营销理论在当今饭店服务实践中面临着瓶颈。

(1)随着饭店业竞争的加剧,传统的服务质量管理与过程控制已不能全面适应宾客愈来愈复杂的新需求。例如:一桌菜肴精美、服务规范的宴席,由于缺少个性化的附加情感,可能在宾客心中评价并不高。

(2)随着服务内涵的日渐丰富,饭店与宾客间接接触的范围不断扩大,饭店已开始将传统意义上由市场部门单独承担的营销职能推广到由多个部门共同承担,并开展内外部营销协调的整体营销管理。

很显然,把现有的营销思想与技巧简单地移植到饭店服务中是行不通的。现代饭店业必须跳出传统的框架,重新审视自己所面对的市场,真正建立以服务为导向的体系。基于此,北欧的诺迪克学派所倡导的侧重于服务产品营销的服务营销理论目前已受到广泛关注,其影响已渗透到饭店营销理念与实践之中。

1.饭店服务的营销特征与组合

美国营销专家菲利普·科特勒认为:每一行业中都渗透着服务,其区别只在于所包含的服务成分的多少,在他提出的由"纯粹有形产品"过渡的产品分类模式中,饭店产品属于典型的高服务产品范畴。因此,饭店营销具有明显区别于有形产品营销的以下特征。

(1)产品外延的扩充。服务更多地表现为努力、行为和绩效等,因此,宾客对服务产品效果的感知和判断需广泛地取决于服务项目的设计、人员态度、设施及环境等相关因素。

(2)以人为核心。服务过程即宾客同服务者接触的互动过程。宾客对服务过程的加入使服务效果不仅取决于服务者素质,还与宾客个人行为密切相关。服务营销由此附上强烈的人性化色彩,服务者和宾客成为饭店营销管理的两个主要目标。

(3)服务质量的整体控制。服务的个人主观性,使得其质量难以用统一的客观标准来衡量,因此,饭店服务质量需从两方面来描述:①技术质量,由服务操作规程来控制;②功能质量,以宾客感受和获得的满意度来描述。

(4)时间的附加价值。服务设备、劳动力虽能以实物形态存在,但只能代表服务供应能力而非服务本身。因此,使波动的市场需求与服务供应相匹配并在时间上一致,便成为饭店服务营销管理的一项课题。另外,在面对面的服务过程中,时间因素对提高宾客的服务评价起着重要的作用。

(5)分销渠道的特定化。服务产品的不可分离特性,使饭店业只能借助特定的分销渠道推销服务产品。①服务的生产与消费地点结合在一起的形式,如餐厅服务;②外卖的形式,只适宜小批量的服务,主要起有形展示与形象促销的作用;③电子传媒渠道,如国际旅馆联号遍布全球的中央预订系统,实现了宾客与饭店服务的初级接触。

2.饭店服务营销的管理策略

(1)服务模式——服务差异化策略。"站在宾客的立场上提供服务"无疑是饭店服务营销的核心,但由于在同一时间、地点,不同的客人有不同的需求,而在不同时间、地点,同一客人的需求侧重点也会不同,因而服务产品与宾客需求之间的关系并不是静止的。因此,饭店服务仅仅靠严格管理和规范操作并不能获得宾客的普遍满意,唯有针对性的个性服务才能打动宾客的心。

个性服务相应地要花费较大的服务成本,这就需要在宾客满意与效益之间寻求一个最佳结合的服务模式:规范与非规范结合的个性化服务,即以规范服务为主,满足多数宾客的共同需求,确保稳定的服务质量;辅以非规范服务,满足宾客的个性化需求,显示饭店独具吸引力的服务特色。例如在宏观的服务差异上,1990年国际假日饭店集团在全球不同地区分别推出了旅馆型、快捷型、艺苑皇冠型、度假村型等不同档次、风格的饭店系列,以满足不同地区宾客的不同需求。在微观的个人服务差异方面,许多饭店都积累了个性化服务的成功经验。所有这些个性化服务的事例都体现了发自服务者内心、灵活针对不同对象服务的艺术创造性。

(2)服务传播——服务的实体化显示策略。饭店服务有不可直接感知的特性,但宾客可通过对服务环境中有形实物的感知,建立对饭店企业形象及服务质量的认识。利用服务过程中可传达服务特色及内涵的有形展示手段来辅助服务产品推广的方法,在服务营销管理中被称为"服务的实体化显示策略",其显示要素和相应策略如下。

服务的环境和气氛要素:它们通常是在最低期望内并被宾客默认构成服务内涵的必要因素,其存在不会使宾客感到特殊的兴奋与惊喜,但若缺少则会挫伤宾客对服务的兴趣和消费信心。饭店通过严格的规范管理可确保满足宾客对此类要素的基本需求,若适当超越宾客的期望,将会提高宾客对服务的满意感,如肯德基快餐经营理论中的"101%宾客满意"。

服务的设计要素：它通常用于改善服务的包装，增加服务的附加值，以建立赏心悦目的服务形象。例如饭店建筑外观的独特造型，企业统一的服务形象、标志系统（CIS）等。

服务的社交要素：即服务场所内一切参与及影响服务产品生产的人，包括服务人员、宾客和其他人士。总的说来，社交要素对宾客的影响远较其他两类显著，因为宾客可由此直接判断员工的反应能力和服务诚意，以及饭店是否值得依赖。

在以上三类实体化显示策略中，改进服务的社交要素所需费用较低，它只需提供基本的实物，如工作服和相应的培训，便可取得明显的效果。

（3）服务协调——内、外部营销一致化策略。饭店传统的营销主要体现为外部营销，它以促销方式向外部宾客提出承诺，激发其消费欲望。然而研究却表明：宾客对服务的最终评价不仅取决于实际提供的服务，关键还在于对许诺的服务与实际的服务进行对照，只有当两者协调一致或后者超过前者水平时，宾客才会获得满意感。一些饭店的营销人员仅从眼前的推销业绩出发，以超越饭店实际服务能力的承诺迎合宾客，误导了宾客对服务的过高期望值，最终引发了宾客的抱怨与不满。

因此，全面意义上的饭店营销应涵盖外部宾客和内部员工两大方面，这种针对企业内部员工而进行的内部营销正是基于"员工是饭店的第一宾客，赢得员工才能最终赢得宾客"的营销理念，通过内部工作的设计满足员工的需求，再以员工发自内心的真诚服务去感染宾客，协调的内部营销是外部营销成功的前提。

（4）服务延伸——宾客管理制度策略。美国哈佛商业研究报告表明：老宾客比初次宾客可为企业多带来20%～80%的利润，老宾客每增加5%，企业的利润则相应增加25%左右。对于强烈依赖宾客消费的饭店业，稳定而忠诚的宾客对服务价格变动的承受力强，对服务失误持宽容态度，他们无疑是企业宝贵的财富。

因此，为了培育企业固定的消费群体，建设良好经营的社会环境，许多饭店对传统的服务内涵加以延伸，为宾客提供完备周到的售后服务和追踪联系，并逐渐形成成熟的宾客管理体系。例如：①建立饭店宾客档案以开展有针对性的个性化服务；②建立宾客联系与跟踪制度；③建立宾客组织并培养宾客精神，如众多饭店推行的VIP金卡，马里奥特旅馆公司的"荣誉宾客奖励俱乐部"等；④建立宾客教育制度以引导宾客的消费行为。通过这些系统化的宾客管理措施，使分散的宾客形成与饭店保持紧密联系的社会网络，并且不断强化其品牌忠诚度，这将有利于饭店服务产品的人际营销传播，最终使饭店赢得市场中宝贵的宾客资源。

复习与思考

一、重点概念

营销　饭店营销　饭店营销观念　顾客满意　绿色营销　服务营销　体验营销

二、思考讨论题

1. 饭店营销六要素是什么？请结合实际加以说明。

2. 销售观念与营销观念的区别体现在哪些方面？举例加以说明。

3.简述饭店营销观念的演变及其背景。

4.现代营销新理念有哪些?

三、实践题

碧水湾温泉度假村:如何给客人创造心跳的感觉?

广州碧水湾温泉度假村位于广州从化流溪河畔,是一家由民航中南空管局投资、按五星级标准建造的集餐饮、住宿、娱乐及大型露天温泉为一体的温泉主题度假村。2018年,他们创造了1.3亿元的营收佳绩,堪称市场传奇。在这背后,是碧水湾为业界所津津乐道的服务传奇。过去三年,碧水湾在携程和同程等网站的用户点评中,满意度一直处于广州地区所有饭店中的前列。

到底是什么原因让碧水湾的客户满意度能一直保持如此高的水平呢?先来看下面这个例子。

一位客人想到碧水湾度假两天,当时担任房务部GRO的齐晓玉从客人打来的预订电话中得知,客人姓王,生日打算与朋友一起在碧水湾度过,一行3人。这一信息通过“快速反馈”机制,很快前厅、餐饮、温泉、客房、营销等所有部门的同事都知道了。客人一下车,齐晓玉已经微笑着站在车旁,热情地迎接,帮王先生拎着行李去办理入住手续。前台的服务员准确地叫出了这位客人的姓氏,并祝他生日快乐。这令王先生又惊奇又感动。王先生办理好入住手续,齐晓玉陪着王先生到电梯口,并一直挥手再见直到电梯门关上为止。出了电梯,一位面带微笑、手捧鲜花与贺卡的服务员已经在门口等候。王先生捧过鲜花,口中的“谢谢”一直没停。打开房门的那一刻,王先生惊呆了,房间不仅经过精心布置,而且突出了生日的主题。王先生简直不敢相信眼前的一切,自己就像贵宾一样,忙问身边的朋友是不是事先与饭店沟通好了,准备给他一些惊喜,结果朋友都诧异地摇头。接下来,又是一连串的感动与惊喜:餐厅服务员送上免费长寿面以及精美的心形果盘,温泉区更衣室服务员主动端来解酒的柠檬水以及爱心牛奶,温泉区表演舞台主持人的现场祝贺。他刚泡完温泉回来,四位服务员到房间送上了生日蛋糕并唱响了生日祝福歌。这让王先生觉得在碧水湾惊喜无处不在,感动无处不在,温暖无处不在。

当他们度过愉快的生日准备离开饭店时,齐晓玉给王先生送上了一份精心包装的礼物。王先生迫不及待地想打开看看,但是齐晓玉却调皮地说:“上车后再打开吧。”王先生在车上拆开礼物,是一个精美的相框,夹着昨晚庆祝生日时的合影,照片中大家笑得那么开心。那一刻,大家感动极了……这一切,虽然是齐晓玉精心“设计”的,但并不只针对王先生一个人,所有到碧水湾过生日的客人都会有意想不到的惊喜,各种温馨小故事每天都在发生。

后来,王先生在携程网上发表了一篇感谢信,名为《充满爱与关怀的度假天堂》,简简单单的750字,表达了对齐晓玉和碧水湾的感激之情,并在信中亲切地称她为“晓玉”。王先生在信中说:“源源不断的惊喜和感动,从踏进饭店大堂的那一刻开始。果然是名不虚传的六星级服务水平,令人感动不已,赞叹不已!”

这就是碧水湾《文化手册》中的“亲情服务”:“在对客人服务过程中,突出感情的投入,倡导把客人当成远道而来的朋友、亲人,让客人感觉比回家还要温暖温馨。”碧水湾一直秉承“视客人为亲人,为客人提供温馨、周到、体贴、关怀的亲情服务”的理念,每一位员工都在“微笑服务,快乐工作,将快乐传递给每一位客人”。

要求:根据材料,简单谈谈碧水湾《文化手册》中的“亲情服务”给你的启发。

第二章
饭店的经营理念与战略

本章以介绍饭店的经营理念及其基本原理开篇,在此基础上,引入饭店经营的基本战略,介绍饭店经营理念与实践,掌握饭店管理的理论基础,并探讨饭店经营战略的过程与分析方法。

思政目标

★培养科学探究精神以及严谨治学的态度,并能够正常应用发展的、辩证的观点去看待问题

★建立对市场的敬畏心,认识饭店对环境的适应性、能动性,培养学生的行业责任感和社会责任感

学习目的

◆掌握饭店的经营理念与实践
◆掌握饭店管理的理论基础
◆了解饭店经营战略的内容
◆理解饭店经营战略的过程和分析方法

案例导入

从根汁汽水店到万豪国际集团

1927年,约翰·维拉德·万豪(J. Willard Marriott)在美国华盛顿特区开了一家根汁汽水店,1957年开设了第一家酒店,经过万豪家族三代人的奋斗,万豪国际集团发展成了如今全球最大的酒店集团。集团目前共拥有31个酒店品牌,在124个国家和地区拥有超过6100家酒店,旗下汇聚了JW万豪、丽思·卡尔顿、喜来登、威斯汀、W酒店等多个著名酒店品牌,年营业额超过200亿美元,多次被世界著名商界杂志和媒体评为酒店业内最杰出的公司。万豪国际集团始终秉承"以人为本"的精神,坚守"照顾好员工,他们就会照顾好客人"的原则,不断创新,以轻、重资产并驾齐驱的模式实现全球扩张,进而成为酒店品牌数量全球最多、规模全球最大的国际集团。

此外,做餐饮业时积累的"连锁十标准化作业"的经验发挥倍增效应,令万豪集团在业内异军突起,但真正使万豪发展成为全球最大酒店集团的,是万豪积极采用了轻、重资产并驾齐驱

的核心战略。一般情况下,全球酒店行业平均总资产回报率只有5%,这主要是由行业的重资产特点决定的。因此,为了达到股东要求的回报率,酒店行业普遍采用高负债、高财务杠杆的做法,行业平均的负债水平在70%左右。在20世纪70年代,万豪集团的运营模式也像当时大多数酒店集团一样,靠自建酒店来扩张,通过自营酒店的方式运营,但是这种模式潜在的最大弊端就是初期需要大量的资本投资。在石油危机期间,银行贷款利率暴涨,企业的资金链非常紧张,这种运营模式的弊端凸显。为了获取扩张所必需的金融资源,公司迫切需要将固定资产所束缚的现金流释放出来。这些固定资产尽管也能够为企业带来一定的资产升值收益,但同时也限制了公司的品牌扩张,使其面临高财务杠杆下的债务危机。万豪在酒店规模扩张遇到阻碍的时候,积极采用了REIT策略。1993年10月,万豪成功剥离出国际酒店业务,集团拆分为"万豪国际"和"万豪地产",使得集团业务一分为二,所有酒店资产剥离给新成立的万豪地产REIT,并进行资产证券化的包装以释放、回笼现金流,使公司的资产负债表实现了一次"瘦身"。在剥离后,母公司更名为万豪地产(Host Marriott),掌握原国际酒店业务的酒店和高档服务式公寓等资产,用稳定的租金收益和物业的持续增值来保持稳定的竞争力。原国际业务公司——万豪国际(Marriott International)负责万豪品牌连锁酒店的管理和经营,用酒店服务来带动资金的增长。可见,优秀的经营理念和适合的战略能够为企业的发展带来巨大的经济利益。

第一节 饭店的经营理念

饭店的经营理念包括人本理念、专业化理念、效益理念、优化理念、环境作用理念、人员素质理念、动态的组织理念等。

一、人本理念

(一)人本理念的核心内涵

人本理念的核心是人,在人本理念的系统范畴中,人是企业最重要的资源,是管理的主要对象。根据人的思想、行为,运用各种手段,充分调动和发挥人的主动性、积极性、创造性来实现企业的目标是人本管理思想的基本内容。要理解人本管理的核心思想,必须把握以下几个观念,即:人是生产要素中最活跃的因素,人类社会的一切运作都是为了人,人是有思想的,人的思想、行为是有规律的。人本管理的本质是激励、引导人们去实现预定目标。

(二)现代饭店管理中的人本理念

现代饭店管理中的人本理念主要体现在:
(1)饭店为人的需要而存在,为人的需要而生产。
(2)饭店的首要任务是对人的科学管理。
(3)人力是饭店最重要的资源和财富。
(4)饭店管理目标的实现必须依靠全体员工的努力。
(5)关心员工思想状况是调动员工积极性的有效方法。
(6)人本管理的基本手段是培育饭店文化。

二、专业化理念

随着科学技术在饭店服务中的应用和发展,现代饭店管理需要处理和传递的信息越来越多,饭店服务及管理需要的硬件也越来越现代化,能源与安全系统、电脑管理系统越来越受重视,这就需要各种各样的专业人员、技术人员,因此,饭店服务及管理的顺利运作需要饭店人员树立专业化观念,充分发挥专业技术工作岗位上专业人员的作用和专业特长。

三、效益理念

饭店在策划设计、拓展新的服务运作模式、开发新项目时应该具有效益理念,通过效益来衡量新产品和新项目的可行与否,争取饭店的服务做到效益与影响并举。现代饭店管理的效益包括经济效益、社会效益和环境效益三个不同的层面。饭店的服务管理人员在制定和实施饭店的服务管理目标时,必须立足于饭店的经济效益目标,并把整个饭店的经济效益与经营成本进行比较,只有低耗高效的经营目标和方法才是可取的。

饭店的服务与管理必须始终关注其社会效益。符合社会利益的饭店服务必须是健康积极的,符合社会主流的审美意识,能够为人们提供更多积极的精神财富,并有助于推动和形成健康积极的生活方式。

环境效益也是衡量现代饭店管理的重要指标。在饭店服务的管理中,降低饭店服务的能耗、物耗既是饭店节约经营管理成本的需要,又能使饭店降低服务对环境资源的占有与消耗,在功能相同的情况下减轻饭店服务对环境的压力,从而有利于资源的可持续发展,实现饭店服务的环境效益。

四、优化理念

优化理念是管理科学的核心,它认为饭店在充分利用饭店内外各种有利条件来进行服务管理活动的过程中总是有潜力可挖掘,提倡为达到最佳的经济效益,饭店管理人员在决策时应综合考虑,运用技术经济的分析方法进行定性定量的分析,比较所有可能实施的各种方案,从中确定最佳的方案并付诸实施。

优化理念认为饭店服务系统的优化应该是一种动态的优化,因而饭店服务系统应设置在灵敏度高的信息系统以及对外部环境具有适应能力的反馈控制系统的基础上,以便在决策实施过程中能捕捉各种反馈信息、进行监控并及时做出相应的调整。

五、环境作用理念

环境作用理念认为良好的工作环境是提高员工服务生产率的重要前提。它从生理学、心理学和社会学的角度出发,全面地分析了工作环境(包括物理环境、化学环境、生态环境和社会环境)对员工生产服务的影响,并据此提出如何改善和创造良好的服务环境,减少员工在服务中由于不良环境而引起的烦躁情绪和疲劳等方面的建议。

六、人员素质理念

饭店经营管理水平的提高,关键在于各级人员素质的提高。提高饭店管理人员和全体职工的素质是饭店长远建设的一项重要内容,各级管理人员必须树立起这个理念,并在经营管理过程中给予充分的重视。

饭店管理人员的素质主要体现在两个方面:政治素质与业务素质。根据饭店经营管理的要求,饭店的管理人员应该具有德才兼备的素质,具有强烈的事业心和责任感。业务素质是通过管理人员的能力体现出来的,这就要求管理人员了解饭店整体与各个部门之间的关系,了解饭店外部环境的情况(如市场状况,国家对饭店的发展计划、税收、预算等),通过不断地学习和培训,提高自己的知识水平和管理水平。

七、动态的组织理念

饭店系统的正常运转,需要有一个良好的组织结构,此组织结构必须与经营管理机制相协调,才能有效地发挥饭店系统的效益。随着饭店系统外部经营环境的不断变化,已经设计构成的组织管理体系就会产生与外部环境不相协调的问题,所以,饭店的管理人员必须树立动态的组织管理思想,当饭店的外部环境或内部管理发生变化时,饭店的组织观念必须动态地做出调整,以保证饭店能达到经营目标。

第二节 饭店的经营战略

一、战略管理的内涵

所谓战略管理就是饭店企业为实现其目的所采取的制定战略、实施战略和评价战略的行为,可以理解为饭店做出和实施各种重大决策时所使用的客观系统的方法。企业战略往往分为企业整体战略和经营战略。整体战略考虑的是企业应选择进入哪种类型的经营业务,而经营战略则考虑企业一旦选定了某一类型的业务,应如何在这一领域里进行竞争或有效运行。

二、战略管理过程

饭店战略管理过程包括三个阶段,即战略制定、战略实施和战略评价三个阶段。

1.战略制定阶段

这是饭店确定自己的宗旨并开展研究,以判明内部优势、劣势和外部机会、威胁,通过分析后处理好内外部条件因素,建立自己的目标和战略的过程。为完成制定战略的任务,必须要进行研究、分析和决策三大活动。有管理专家认为,战略管理是由一个大"S"(Strategy)和五个小"P"组成的,五个小"P"就是计划(Plan)、决策(Ploy)、模式(Pattern)、过程(Process)和观念(Perspective)。由此可见,战略制定的过程就是饭店在对内部和外部条件的分析研究基础上,进行的一种计划和决策的行为,它反映了饭店的管理模式和观念。

2.战略实施阶段

这一阶段可称为战略管理过程的行动阶段。战略实施主要包括制定目标、制定政策和配置资源三项活动,这一过程往往被认为是最困难的阶段。比如饭店经理是否有能力激发员工做好工作,往往成为实施成功与否的关键,比战略制定更具有可操作性,所以应积极调动员工的主观能动性,因为战略实施活动影响遍及饭店全体人员,而战略制定则只涉及少数高层管理者。

3.战略评价阶段

这是战略管理过程的第三个阶段,为评价饭店战略管理要进行以下三项工作:一是检阅作为现行战略基础的内部因素和外部因素是否发生了变化,比如饭店自身经营的优势是否还是优势、饭店拓展自己经营空间的机会是否存在、饭店的竞争者现状如何等各方面问题;二是测定饭店工作成绩,检查为达到饭店各层次目标的各项工作实际进展情况;三是修订战略,饭店根据检查评价结果,对战略做出必要的调整和修订,以提高企业的外部和内部战略地位。这一过程是战略管理过程的重要阶段,因为外部和内部因素往往变化很快,好的饭店能够预见和迅速地、有效地适应变化。例如,作为全球最大的服务接待企业假日集团,其几次重大的战略变化至今仍为管理者津津乐道。在20世纪70—80年代,假日集团集中多元化经营战略和分散多元化战略的几次反复,反映了他们对市场的敏锐把握;假日集团对自己有形资产和无形资产的经营和出售,以及他们对饭店市场细分战略等,无不反映出他们灵活多变的战略管理模式和理念。

三、战略分析方法

战略分析是指在战略制定阶段,对饭店的外部环境和内部条件的研究和分析活动。战略分析是做出战略决策前很关键的一步,分析的好坏直接影响到饭店战略的成败。战略分析的方法有很多种,包括SWOT分析模型、波士顿咨询集团(boston consulting group,BCG)模型、战略地位和行动评价模型(GPACE)等多种方法。这里主要介绍波士顿矩阵模型。

(一)波士顿矩阵模型的概念

波士顿矩阵又称市场增长率-相对市场份额矩阵、波士顿咨询集团法、四象限分析法、产品系列结构管理法等。制定公司层战略最流行的方法之一就是波士顿矩阵。该方法是由波士顿咨询集团在20世纪70年代初开发的。波士顿矩阵将组织的每一个战略事业单位(strategic business units,SBUs)标在一种二维矩阵图上,从而显示出哪个SBUs提供高额的潜在收益,哪个SBUs是组织资源的漏斗。波士顿矩阵的发明者、波士顿公司的创立者布鲁斯认为:"公司若要取得成功,就必须拥有增长率和市场份额各不相同的产品组合。组合的构成取决于现金流量的平衡。"如此看来,波士顿矩阵的实质是为了通过业务的优化组合实现企业的现金流量平衡。

（二）波士顿矩阵的 4 种业务组合

1. 问题型业务

问题型业务（question marks），指高增长、低市场份额业务。处在这个领域中的是一些投机性产品，具有较大的风险。这些产品可能利润率很高，但占有的市场份额很小。这往往是一个公司的新业务。为发展问题型业务，公司必须建立工厂，增加设备和人员，以便跟上迅速发展的市场，并超过竞争对手，这些意味着大量的资金投入。"问题"非常贴切地描述了公司对待这类业务的态度，因为这时公司必须慎重回答"是否继续投资，发展该业务"这个问题。只有那些符合企业发展长远目标、企业具有资源优势、能够增强企业核心竞争力的业务才能得到肯定的回答。得到肯定回答的问题型业务适合于采用战略框架中提到的增长战略，目的是扩大SBUs的市场份额，甚至不惜放弃近期收入来达到这一目标，因为要使问题型业务发展成为明星型业务，其市场份额必须有较大的增长。得到否定回答的问题型业务则适合采用收缩战略。

如何选择问题型业务是用波士顿矩阵制定战略的重中之重，也是难点，这关乎企业未来的发展。对于增长战略中各种业务增长方案来确定优先次序，波士顿咨询集团也提供了一种简单的方法。

2. 明星型业务

明星型业务（stars），指高增长、高市场份额业务。这个领域中的产品处于快速增长的市场中并且占有支配地位的市场份额，但也许会或也许不会产生正现金流量，这取决于新工厂、设备和产品开发对投资的需要量。明星型业务是由问题型业务继续投资发展起来的，可以视为高速成长市场中的领导者，它将成为公司未来的现金牛业务。但这并不意味着明星型业务一定可以给企业带来源源不断的现金流，因为市场还在高速成长，企业必须继续投资，以保持与市场同步增长，并击退竞争对手。企业如果没有明星型业务，就失去了希望，但群星闪烁也可能会"闪花"企业高层管理者的眼睛，导致其做出错误的决策。这时管理者必须具备识别"行星"和"恒星"的能力，将企业有限的资源投入在能够发展成为现金牛的"恒星"上。同样的，明星型业务要发展成为现金牛业务适合于采用增长战略。

3. 现金牛业务

现金牛业务（cash cows），指低增长、高市场份额业务。处在这个领域中的产品产生大量的现金，但未来的增长前景是有限的。这是成熟市场中的领导者，它是企业现金的来源。由于市场已经成熟，企业不必大量投资来扩展市场规模，同时作为市场中的领导者，该业务享有规模经济和高边际利润的优势，因而给企业带来大量现金流。企业往往用现金牛业务来支付账款并支持其他三种需大量现金的业务。现金牛业务适合采用战略框架中提到的稳定战略，目的是保持SBUs的市场份额。

4. 瘦狗型业务

瘦狗型业务（dogs），指低增长、低市场份额的业务。这个领域中的产品既不能产生大量的现金，也不需要投入大量现金，这些产品没有改进其绩效的希望。一般情况下，这类业务常常是微利甚至是亏损的，瘦狗型业务的存在更多的是由于感情上的因素，虽然一直微利经营，但像人养了多年的狗一样恋恋不舍而不忍放弃。其实，瘦狗型业务通常要占用很多资源，如资金、管理部门的时间等,多数时候是得不偿失的。瘦狗型业务适合采用战略框架中提到的收缩战略,目的在于出售或清算业务,以便把资源转移到更有利的领域。

波士顿矩阵的精髓在于把战略规划和资本预算紧密结合了起来,把一个复杂的企业行为用两个重要的衡量指标来分为四种类型,用四个相对简单的分析来应对复杂的战略问题。该矩阵帮助多种经营的公司确定哪些产品宜于投资,宜于操纵哪些产品以获取利润,宜于从业务组合中剔除哪些产品,从而使业务组合达到最佳经营成效。

(三)模型的重要假设

早在还没有提出波士顿矩阵时的 1966 年,波士顿咨询集团通过实证研究获得了一个重要发现——经验曲线。经验曲线的基本结论如下。

(1)"经验曲线是由学习、分工、投资和规模的综合效应构成的。""每当积累的经验翻一番,增值成本就会下降 20%～30%。"

(2)"经验曲线本质上是一种现金流量模式。"因为规模是学习与分工的函数,所以可以用规模来代表经验曲线中的学习和分工成分。

企业某项业务的市场份额越高,体现在这项业务上的经验曲线效应也就越高,企业就越有成本优势,相应的获利能力就越强。按照波士顿咨询集团的经验,如果一个企业某项业务的市场份额是竞争者该项业务市场份额的两倍,那么这个企业在这项业务上就具有较之竞争者 20%～30% 的成本优势。这就是波士顿矩阵选取市场份额作为一个重要评价指标的原因所在。

波士顿矩阵认为市场份额能带来利润,这其实就是"成本领先战略"。波士顿矩阵一直认为规模优势很重要,波士顿矩阵的解释是市场份额大的公司不仅获得了更多的收入,还实现了更高的单位运营利润,优势在于更高的价格(边际利润)、在广告和分销上更低的单位支出。

(四)波士顿矩阵的分析步骤

波士顿矩阵如图 2-1 所示。

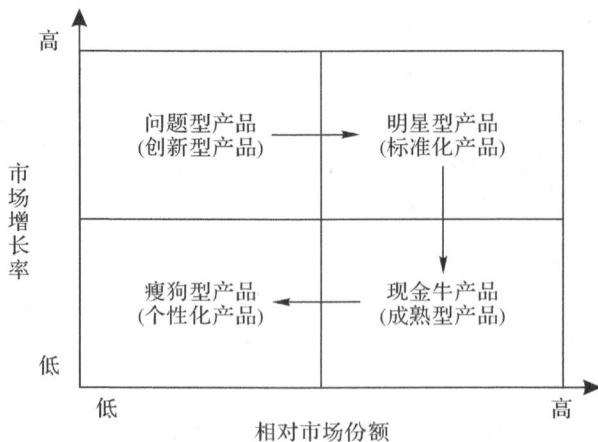

图 2-1 波士顿矩阵

（1）评价各项业务的前景。波士顿咨询集团是用"销售增长率"这一指标来表示发展前景的。这一步的数据可以从企业的经营分析系统中提取。

（2）评价各项业务的竞争力。波士顿咨询集团是用"市场占有率"这个指标来表示竞争力的。这一步需要做市场调查才能得到相对准确的数据。计算公式是把一单位的收益除以其最大竞争对手的收益。

（3）表明各项业务在波士顿矩阵图上的位置。具体方法是以业务在二维坐标上的坐标点为圆心画一个圆圈，用圆圈的大小来表示企业每项业务的销售额。到了这一步，公司就可以诊断自己的业务组合是否健康了。一个失衡的业务组合就是有太多的瘦狗型或问题型业务，或太少的明星型和现金牛业务。例如有三项问题型业务，不可能全部投资发展，只能选择其中的一项或两项集中投资发展；只有一项现金牛业务，说明财务状况是很脆弱的；有两项瘦狗型业务，这是沉重的负担。

（4）确定纵坐标"市场增长率"的一个标准线，从而将"市场增长率"划分为高、低两个区域。比较科学的方法有两种：①把该行业市场的平均增长率作为分界点；②把多种产品的市场增长率（加权）平均值作为分界点。需要说明的是，高市场增长定义为销售额至少达到10％的年增长率（扣除通货膨胀因素后）。

（5）确定横坐标"相对市场份额"的一个标准线，从而将"相对市场份额"划分为高、低两个区域。

波士顿集团的布鲁斯认为，这个分界值应当取为2，他认为："任何两个竞争者之间，2比1的市场份额似乎是一个均衡点。在这个均衡点上，无论哪个竞争者要增加或减少市场份额，都显得不切实际，而且得不偿失。这是一个通过观察得出的经验性结论。"在同年的另一篇文章中，布鲁斯说得更为明确："明星的市场份额必须是仅次于它的竞争者的两倍，否则其表面业绩只是一种假象。"按照布鲁斯的观点，市场份额之比小于2，竞争地位就不稳定，企业就不能回收现金，否则地位难保。但在实际的业务市场上，市场领先者的市场份额是跟随其后的竞争者的2倍的情况极为少见。所以和确定上面的市场增长率的标准线一样，由于评分等级过于宽泛，可能会造成两项或多项不同的业务位于一个象限中或位于矩阵的中间区域，难以确定使用何种战略。所以在划分标准线的时候要尽量占有更多资料，审慎分析，这些数字范围在运用中应根据实际情况的不同而进行修改；而且不能仅仅注意业务在波士顿矩阵图中现有的位置，还要注意随着时间推移历史的移动轨迹。每项业务都应该回顾它的去年、前年甚至更早的时候是处在哪里，用以参考标准线的确定。

一种比较简单的方法是高市场份额意味着该项业务是所在行业的领导者的市场份额；需要说明的是当本企业是市场领导者时，这里的"最大的竞争对手"就是行业内排行第二的企业。

（五）波士顿矩阵的局限性

科尔尼咨询公司对波士顿矩阵的局限性评价是仅仅假设公司的业务发展依靠的是内部融资，而没有考虑外部融资。举债等方式筹措资金并不在波士顿矩阵的考虑之中。另一方面，波士顿矩阵还假设这些业务是独立的，但是许多公司的业务是紧密联系在一起的。比如，如果现金牛业务和瘦狗型业务是互补的业务组合，如果放弃瘦狗型业务，那么现金牛业务也会受到影响。还有很多文章对波士顿矩阵做了评价,这里列举一部分:关于卖出"瘦狗"业务的前提是瘦狗型业务单元可以卖出,但面临全行业亏损的时候,谁会来接手;波士顿矩阵并不是一个利润极大化的方式;市场占有率与利润率的关系并不非常固定;波士顿矩阵并不重视综合效益,实行波士顿矩阵方式时要进行 SBU(策略事业部)重组,这要遭到许多组织的阻力;并没告诉厂商如何去找新的投资机会等。

为了克服波士顿矩阵的缺点,科尔尼的王成在《追求客户份额》和《让客户多做贡献》两文中提出了用客户份额来取代市场份额,能有效地解决波士顿矩阵方法中把所有业务联系起来考虑的问题。例如经营酒店和公园,活期存款和定期存款、信贷、抵押等业务的关系,当业务是属于同一个客户的时候往往具有相关性。这也许是一个很好的方法,只是如果不是通过统计行业各厂商的销售量而是统计客户数,似乎一般的市场调查难以做到。

最后,对于市场占有率,波特的著作在分析日本企业时就已说过,规模不是形成竞争优势的充分条件,差异化才是。波士顿矩阵的背后假设是"成本领先战略",当企业在各项业务上都准备采用(或正在实施)成本领先战略时,可以考虑采用波士顿矩阵,但是如果企业准备在某些业务上采用差别化战略,那么,就不能采用波士顿矩阵了。规模的确能降低一定的成本,但仅在成熟的市场运作环境中成立,在我国物流和营销模式并不发达、成熟的情况下,往往做好物流和营销模式创新可以比生产降低更多的成本。

(六)波士顿咨询集团法的应用法则

按照波士顿咨询集团法的原理,产品市场占有率越高,创造利润的能力越大;另一方面,销售增长率越高,为了维持其增长及扩大市场占有率所需的资金亦越多。这样可以使企业的产品结构实现产品互相支持、资金良性循环的局面。按照产品在象限内的位置及移动趋势的划分,形成了波士顿咨询集团法的基本应用法则。

1. 第一法则:成功的月牙环

企业经营的各种产品的分布若显示月牙环形,这是成功企业的象征,因为盈利大的产品不仅仅只有一个,而且这些产品的销售收入都比较大,还有不少明星型产品。问题型产品和瘦狗型产品的销售量都很小。若产品结构显示散乱分布,说明其事业领域内的产品结构未规划好,企业业绩必然较差。这时就应区别不同产品,采取不同策略。

2. 第二法则:黑球失败法则

如果在第四象限内一个产品都没有,或者即使有,其销售收入也近于零,可用一个大黑球表示。该种状况显示企业没有任何盈利大的产品,说明应当对现有产品结构进行撤退、缩小的战略调整,考虑向其他事业渗透,开发新的事业。

3. 第三法则:东北方向大吉

一个企业的产品在四个象限中的分布越是集中于东北方向,则显示该企业的产品结构中明星型产品越多,越有发展潜力;相反,产品的分布越是集中在西南角,说明瘦狗型产品数量大,该企业产品结构衰退,经营不成功。

4.第四法则：踊跃移动速度法则

从每个产品的发展过程及趋势看，产品的销售增长率越高，为维持其持续增长所需资金量也相对越高；而市场占有率越大，创造利润的能力也越大，持续时间也相对长一些。按正常趋势，问题型产品经明星型产品最后进入现金牛产品阶段，标志着该产品从纯资金耗费进入为企业提供效益的发展过程，但是这一趋势移动速度的快慢也影响到其所能提供的收益的大小。

如果某一产品从问题型产品（包括从瘦狗型产品）变成现金牛产品的移动速度太快，说明其在高投资与高利润率的明星区域内时间很短，因此对企业提供利润的可能性及持续时间都不会太长，总的贡献也不会大；但是相反，如果产品发展速度太慢，在某一象限内停留时间过长，则该产品也会很快被淘汰。

在本方法的应用中，企业经营者的任务，是通过四象限法的分析，掌握产品结构的现状及预测未来市场的变化，进而有效地、合理地分配企业经营资源。在产品结构调整中，企业的经营者不是在产品到了瘦狗阶段才考虑如何撤退，而应在现金牛阶段时就考虑如何使产品造成的损失最小而收益最大。

阅读材料

广州大厦的 CIS 策略

我国广州市北京路有一家在企业形象识别系统（corporate identity system，CIS）领域运用得较成功的四星级酒店——广州大厦，是广州市政府办公室属下的一个接待单位。广州大厦有这样一个与众不同的创新理念：跳出酒店做酒店，意为用一个"旁观者清"和客人的心态来反观自己的企业，避免在酒店工作太久，思维受到行规约束而跟不上时代。我们来看看广州大厦如何根据"跳出酒店做酒店"的这个创新理念给自己的事业领域形象定位的。

1998 年，全球星级酒店有几万家，多数酒店都是这样定位：商务型酒店、会议型酒店、度假型酒店或综合型酒店。广州大厦根据当时的情况结合政治和自身因素，破天荒地打出了"全国第一家公务酒店"的品牌定位策略，当即在市场引起轰动，全国各地的酒店同行、新闻记者纷纷前来访问。旅游杂志连续一年以热门话题报道广州大厦的经营管理、创新模式，并引发了一场全国政府接待宾馆对"公务酒店"的舆论和学习热潮。这就是"一招鲜，传遍天"的至高软性宣传、公关营销策略。

广州大厦对市场有敏锐的眼光和独到的洞察力，既善于开发新产品，又擅长行为系统的公关策略。大厦 35 层有 20 层是客房，重要收入部门就是客房。广州大厦内设国内第一家色彩设计所，专家们巧妙地利用色彩调配，把大厦不好租或只能低价租的角边房设计装饰成春、夏、秋、冬四季分明的特色房，经推荐迎合了部分人士对特色房的偏好，因数量有限，价格不但提高了，而且还特别好租出去。2001 年 8 月，大厦又提出设计满足商务和公务人士需求的精品迷你小套间，对原来的单双床数量、结构不合理或不适合顾客需求的房间进行改造，无须增大房内空间就达到了很好的效果。这些措施不但为酒店从长远战略保持长久的市场占有率和立于不败之地提供了保证，更为当时的客房贬值立刻转化为增值（有限变无限）提供了可能，为新产品赢得了形象。

广州大厦喜开当地的先河,不但在开发新产品方面先人一步,以新产品赢得形象,在行为公关策略方面也高人一筹。广州大厦打出全国第一家四星级公务酒店,制造社会舆论热潮只是其走出的第一步,紧接着,为了保持这个公务酒店特有的模式长久地运作下去而不偏离轨道,又在当地率先通过 ISO9002 体系认证。

广州大厦的设计师在设计视觉识别(visual identity,VI)时,更是与理念识别(mind identity,MI)、行为识别(behavior identity,BI)紧密配合。筹建期设计师就首先把外墙设计成具有代表意义的木棉花形状(木棉花是广州市市花,与广州大厦的稻穗标志意义相同),再结合环保这一持续发展之道,特意把鲜红的木棉花颜色改成环保绿色,与广州花园酒店和南方航空公司的木棉花形象区分开来。现在矗立在北京路上的广州大厦正面墙饰,便是一个从一层到三十五层的巨型绿色木棉花造型,并以绿色木棉花标志与"我在广州有个家,请常回家看看"作为基本要素,应用到大厦的"雅格"车队、市长亲自命名的"广州一号"游轮和店内外常用的易耗品、物件、设备、服饰(如:客房的电话、牙刷、拖鞋、垃圾筒、水壶、中餐餐具、公共设施、办公用品、信封、笺、文件夹、礼品袋、购物袋、布草、店围广告等)。酒店对某些易耗品考虑得更是细致入微,不但讲究实用、美观,还要求醒目、鲜明,更是考虑到客人方便带回去收藏留念等方面来设计。如礼品袋是多数行业都会运用的一种广告宣传媒介,广州大厦在 2001 年即对所有的易耗品设计了一套十分鲜艳的视觉识别图案。时值中秋,月饼成为人们过节和送礼的必需品,醒目而与众不同的图标自然能在众多的品牌中引起更多市民的注意。几十万盒高品质的月饼在市面上不停地流动、礼品袋循环使用,不断冲击市民的视觉,袋上"常回家看看"的宣传口号更能勾起人们对亲情的思念。

3 复习与思考

一、重点概念

人本原理 专业化原理 效益原理 优化原理 环境作用原理 动态组织理念 战略管理

二、思考讨论题

1.论述饭店的经营理念。

2.请具体论述战略管理的三个阶段。

三、实践题

凯悦酒店集团(Hyatt Hotels Corporation),总部位于美国芝加哥,是一家拥有 60 多年历史的酒店集团。凯悦酒店集团在世界各地管理、特许经营、拥有和开发凯悦品牌酒店、度假村、住宅和度假性产业。凯悦的创始人是 Jay Pritzker,第一家酒店是他于 1957 年在洛杉矶国际机场附近购买的凯悦旅馆。随后十年间,Jay Pritzker 和弟弟 Donald Pritzker 及其他 Pritzker 家族企业利益集团,共同将公司培育成北美地区有影响力的公司,并于 1962 年成为上市公司。1968 年,凯悦国际酒店集团成立并在后来发展成为独立上市公司(Pritzker 集团赞助了最负盛名的建筑领域奖项——Pritzker 奖)。凯悦酒店集团和凯悦国际酒店集团分别在 1979 和 1982

年被 Pritzker 家族企业利益集团收归私有。

2004 年 12 月 31 日，Pritzker 家族企业利益集团拥有的全部酒店资产——凯悦集团和凯悦国际集团——均被整合至凯悦酒店集团。凯悦酒店集团 2005 年从黑石集团（Blackstone Group）手中收购了全套房酒店 Ameri Suites、2006 年收购 Summer field Suites 酒店后将其打造为凯悦 Summer field Suites 品牌，新建了两家酒店；将收购的全套房连锁酒店 Brad-ford Home Suites 和 Hawthorn Suites 改造为自身品牌。集团在 20 世纪 60 年代发展迅速，1969 年，凯悦酒店在美国已有 13 家，同年在海外开设了首家酒店——香港凯悦酒店。Hyatt Regency 是集团主要的酒店品牌，20 世纪 80 年代，集团引入君悦及柏悦两个豪华酒店品牌。凯悦酒店集团秉承着"在任何时候、任何地方，只要公司能够做到，公司就会通过各种方法回报当地居民和环境"的经营理念。每一个凯悦饭店及其附属机构为了这个目标都会通过公司的"FORCE 计划"，即为富有责任心和爱心的雇员家庭（family of responsible and caring employees）提供志愿服务。如今凯悦主要在豪华酒店上向商务旅客提供设施齐全的会议及特别服务，在全球的大中城市、飞机场和度假胜地开设运营酒店。

2008 年 11 月 2 日，凯悦一分钟的电视广告片在美国流量高的网络、有线电视节目的黄金时段及互联网中播出。凯悦启动一项全球广告计划，旨在传达该连锁酒店的服务理念：真正的好客之道。广告片以多种语言在 BBC World、美国有线电视新闻网、ESPN、发现频道、Euronews 及 Eurosport 向除美国以外的国家和地区播出。广告的主角是凯悦酒店员工以及当地的旅游专业人士，拍摄地点包括上海君悦、上海外滩茂悦大酒店、上海柏悦酒店、香港君悦酒店。凯悦给当地带来生机和活力的同时，也刺激了当地的商务往来和人口增长。凯悦国际集团正在筹划中的新酒店将为全球创造 2 万份就业机会。凯悦度假村结合当地的艺术与设计特点，发展出自己的独特风格，同时还提供尽善的康乐设施和服务。这些独特的服务有：凯悦金护照（Hyatt Gold Passport）、凯悦为老顾客提供身份识别和奖励计划、凯悦俱乐部和君悦俱乐部（Regency Club and Grand Club）、VIP 门房楼层（VIP Concierge Floors）、免费赠送层报、专门餐馆和民俗餐饮。

要求：根据材料，分析凯悦酒店集团的经营理念及其优势。

第三章 饭店营销环境

饭店营销环境是影响饭店与目标顾客建立并保持互利关系等营销管理能力的各种角色和力量,它可以分为宏观市场营销环境和微观市场营销环境。饭店营销环境是存在于饭店营销系统外部的不可控制或难以控制的因素和力量,这些因素和力量是影响饭店活动及其目标实现的外部条件。本章重点在于解释和介绍饭店营销环境的基本内容体系,分析饭店宏观环境和微观环境的各要素,以便为饭店目标市场的选择提供客观依据。

思政目标

★训练创新能力,认识饭店对环境的适应性及能动性

★引导学生关注时政,培养学生市场敏锐性,提高学生对市场环境的适应能力,提高人才竞争力

学习目的

◆掌握饭店营销宏观环境和微观环境的构成要素

◆理解饭店营销环境的概念和特点

◆会用饭店营销环境、饭店市场机会与威胁相关理论指导饭店营销

案例导入

比别人快一点点

一个山区,由于交通不便、信息闭塞,经济十分落后。农民们世代以耕作为主,没有其他谋生之道。改革开放后,两个年轻人最早意识到了商机。原来,这个村子什么都缺,唯独石头丰裕。

于是,这两个人一起开山,一个把石头砸成石子运到路边,卖给建房人;一个挑选奇形怪状的石头直接运到码头,卖给杭州的花鸟商人,因为这儿有很多怪石,他认为卖重量不如卖造型。三年后,卖怪石的青年成为村里第一个盖起瓦房的人。

后来,由于不许开山只许种树,这儿成了果园。每到秋天,漫山遍野的鸭梨招来八方商客。他们把堆积如山的果子成筐成筐地运到上海、北京等地,再发往韩国和日本。就在山里人为鸭

梨带来小康日子而欢呼雀跃时,卖怪石的人卖掉果树,开始种柳,因为他发现客商不愁挑不到好梨,只愁买不到装梨的筐。几年后,他成为第一个在城里买房子的人。

再后来,一条铁路从这儿贯穿南北,可以北到北京,南到九龙。小村对外开放,果农也由单一的卖水果开始发展果品加工和市场开拓。就在一些人开始筹资办厂时,卖怪石的人又在他的地里砌了一道三丈高、百米长的墙。这道墙面向铁路,两旁是一望无际的万亩果园。坐火车的人经过这里,在欣赏盛开的梨花时会看到四个醒目的大字:可口可乐。这是在500里山川中唯一的一个户外广告。于是,他因此又额外增加了4万多元的收入。

20世纪90年代末,日本一个著名公司的人来华考察,听到这个故事,马上被此人惊人的商业头脑所震惊,当即决定到村里寻找此人。当日本人找到这个人时,他正在自己的店门口和对门的店主吵架。原来,他店里的西装标价800元/套,对门就把同样的西装标价750元/套。他标价为750元/套,对门就标价700元/套。一个月下来,他仅批发出8套,而对门的客户却越来越多,一下子批发出了800套。

日本人一看这情形,对此人失望不已。但当日本人弄清楚真相后,又惊喜万分,当即决定以100万元的年薪聘请他。原来,对门那家店也是他开的。

市场环境分析是企业做好营销决策,开发市场,做好市场营销活动,促进产品销售的前提和基础。饭店业的市场环境分析是以市场调查资料为依据的,其分析内容很多,一般以总体环境分析为主;同时,也要对竞争对手或同行进行单项分析,以便为目标市场的选择和市场竞争服务。案例中卖怪石的青年总是能够审时度势,根据对客观环境的掌握和分析来决定自己应该采取的策略、措施,因此,在同样的市场环境下,他总是能够把握先机,比别人快一点采取相应的市场营销方法,获得优良商机和效益。

第一节　饭店营销宏观环境分析

一、饭店营销环境的概念

饭店营销环境是指饭店在运营时有潜在关系的所有外部力量和机构的体系,虽然它对于饭店来说既不可控制又不可影响,但它对饭店营销的成功与否起着十分重要的作用。饭店营销环境可以划分为宏观环境和微观环境两大类,见图3-1。

宏观环境指能影响微观环境的社会性因素,它包括政治环境、经济环境、文化环境、人口环境、技术环境和自然环境因素。微观环境指与饭店关系密切、能影响饭店服务的各种因素,一般包括企业自身、供应商、中间商、消费者、竞争对手及公众等。

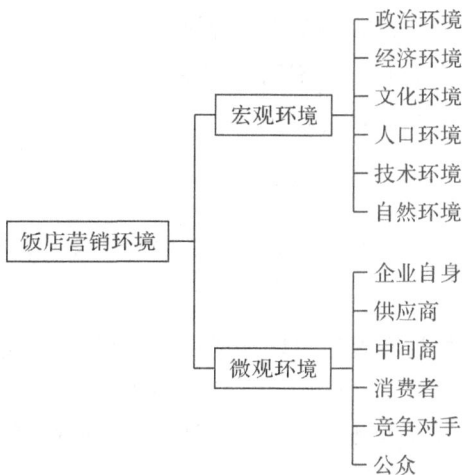

图3-1　饭店营销环境

二、饭店营销环境的特点

(一)客观性

营销环境是客观存在的,有着自己的运行规律和发展趋势,不以营销者的意志为转移。无论营销者主观上是否认识到,事实上市场营销活动总是在一定的内外部环境下进行的,受各种客观因素的影响和制约。饭店企业的营销活动要主动适应和利用客观环境,不能改变或违背客观环境,如主观臆断营销环境及发展趋势,必然会导致营销决策的盲目与失误,造成营销活动的失败。

(二)复杂性

饭店营销环境包括众多因素,随着现代社会的高速发展,交通、通信条件的不断改善,众多因素也在不断地发生变化,更加难以预测,这就使得饭店市场营销环境具有复杂性。

(三)动态性

外部环境随着时间的推移经常处于变化之中。例如,外部环境利益主体的行为变化和人均收入的提高均会引起购买行为的变化,影响饭店营销活动的内容;外部环境中各种因素结合方式的不同也会影响和制约饭店营销活动的内容和形式。

(四)相关性

饭店营销环境具有相关性,即营销环境中的各因素,包括政治、经济、科技等是相互联系、相互渗透、相互作用的。如一个国家的政策与法令总是影响着该国的科技、经济的发展速度和方向,继而改变着社会习惯;同样,科技、经济的发展又会引起政治、经济体制的相应革新。这种相关性给企业营销带来了复杂性。此外,不同的环境因素对不同的营销活动内容影响的重点不同。营销人员必须善于分析相关因素,在掌握相关规律的基础上寻找和选择企业的目标市场。

(五)不可控性

市场营销环境是一个复杂多变的整体,饭店企业一般不可能控制环境因素及其变化。如一个国家的政治与法律制度、人口增长及一些社会文化习俗等,饭店不可能随意改变。另外,各环境因素之间也常常存在矛盾,从而影响和制约饭店企业的营销活动。尽管饭店营销环境具有不可控性,但企业本身能动性的发挥,如调整营销策略、进行科学预测或联合多个企业等,可以冲破环境的制约或改变某些环境因素,最终取得成功。

三、饭店营销宏观环境分析

现代饭店营销的宏观环境由整个微观环境中较大的社会力量组成,这些环境因素虽然不直接影响饭店的营销活动和营销策划,但对饭店的营销决策存在一定的间接影响。

(一)政治环境

在任何制度下,饭店的市场营销活动都受到政治和法律制度的规范和约束。营销决策在很大程度上受到政治环境变化的影响。

政府对第三产业发展的鼓励和支持为旅游业、饭店业的发展带来新的机遇。2019 年 10 月 30 日,中华人民共和国国家发展和改革委员会修订发布了《产业结构调整指导目录(2019 年本)》。此次修订强调了新时代我们国家不仅要全面贯彻党的会议精神,坚持新发展理念,坚持推动高质量发展,坚持以供给侧结构性改革为主线,优化资源配置,扩大优质增量供给,使我国产业迈向全球价值链中高端。国家发改委发布的《服务业创新发展大纲(2017—2025 年)》中提出,到 2025 年我们要实现服务业从大国向强国迈进,提高人民满意度以及服务业市场化、社会化与国际化水平,转变经济发展方式,积极发挥服务业支撑经济、改善民生、增强国家竞争力的贡献作用。

(二)经济环境

经济环境是影响和制约社会购买力形成的主要环境力量。其主要的环境力量是社会购买力。社会购买力是一系列经济因素的函数,取决于国民经济的发展水平以及由此决定的国民平均收入水平,并直接或间接地受消费者收入、价格水平、消费支出状况、储蓄和消费者信贷等经济因素的影响。

2021 年 1 月 17 日,国家统计局发布数据,初步核算,2021 年中国国内生产总值为 1143670 亿元,按不变价格计算,比上年增长 8.1%,两年平均增长 5.1%。数据显示,全年第三产业较快增长。分行业看,信息传输、软件和信息技术服务业,住宿和餐饮业,交通运输、仓储和邮政业增加值比上年分别增长 17.2%、14.5%、12.1%,保持恢复性增长。按消费类型分,商品零售 393928 亿元,增长 11.8%;餐饮收入 46895 亿元,增长 18.6%。基本生活消费增势较好。

19 世纪中叶,德国统计学家恩斯特·恩格尔对 153 户比利时家庭的家庭预算和支出进行分析后发现,随着收入的增加或者伴随着人们富裕程度的上升,其家庭用于购买生活必需品的开支占总支出的比重会下降,用于非必需品方面的支出占总支出的比重会上升。在生活必需品中,食品占据了较大比例。对此,恩格尔提出恩格尔定律:一个家庭收入越少,家庭收入中或家庭总支出中用来购买食物的支出所占的比例越大;一个国家越穷,每个国民的平均收入中或平均支出中用来购买食物的费用所占比例就越大;随着家庭收入的增加,家庭收入中或家庭支出中用来购买食物的支出将会下降。

恩格尔定律可用下列公式表示:

$$总支出中食物支出的比例 = \frac{食物支出变动百分比}{总支出变动百分比}$$

$$恩格尔系数 = \frac{食物支出金额}{总支出金额} \times 100\%$$

恩格尔系数是根据恩格尔定律得出来的比例数。一般来说,恩格尔系数大于60％的地区就是极贫困地区,而小于30％则可认为较为富裕。只有在恩格尔系数足够小,家庭有能力购买生活必需品以外的娱乐及奢华品时,人们才会选择旅游消费。

(三)人口环境

人口是构成市场的第一因素,人口的多少直接决定市场的潜在容量。人口越多,市场对于各类生活必需品的需求量也越多,而人口数量的下降必然导致需求量的减少。在其他条件既定或相同的情况下,人口规模决定市场容量和潜力,也影响着一个社会的生存环境。同时,人口结构的不同对饭店企业的市场营销活动也造成影响。人口环境对饭店营销的影响有以下几个方面。

1.人口数量对饭店营销的影响

人口数量是决定市场规模的一个基本要素,在市场中潜在购买者越多,市场的规模就越大。

2.人口结构对饭店营销的影响

不同年龄、不同性别的消费者对商品的需求也不一样。目前独生子女一代已成长起来,成为消费的主体,由于独生子女家庭的结构特点,他们对家庭的消费结构的影响在不断扩大,如对满月酒的重视及各个阶段(入学、毕业)产生的消费活动也逐渐成为饭店餐饮部门的销售热点。

(四)自然环境

自然环境是指作为饭店生产服务投入或受饭店营销活动经营的自然资源,包括自然资源环境和物质资源环境。环境问题已经成为人们越来越关注的问题,这是人们不得不面对的世界性问题。因此,饭店在经营过程中,应注意"三废"的排放,保持饭店及其周边地区环境的干净、整洁,运用绿色营销理念,增强饭店的吸引力。

(五)技术环境

随着科学技术的发展,饭店管理和发展将进入新的阶段,互联网、物联网等现代信息技术实现了科技与人力服务新的融合。科技的发展使饭店为客户带来更多的自主体验,前瞻性的科技加上富有人情味的沟通帮助饭店提高了服务质量,专业化的人力服务更好地提升饭店对宾客的人性化关怀。在大数据背景支持下,饭店的客户关系管理已不仅仅是简单记录客人的信息和喜好,而是通过大数据和社交平台更好地吸引客户、激励客户。

高科技是饭店发展的重要手段。例如,精确的地理定位和Beacon技术使客户即使到了陌生的城市,也可以通过信息网络、服务推荐和旅游攻略选择喜欢的住宿环境;智能设备和各种APP的出现更好地实现了人机互动,智能识别系统减少客人身份核验、点餐、排队、支付所用的时间,实现了智能设备与管理系统的高效结合;管理者可以在社交网络平台及时获得客户对产品和服务的评价,采取相应的措施提升客户体验;交互性体验以及虚拟现实技术(virtual reality,VR)可以随时为宾客提供最详尽的观光服务,4G、5G网络技术的运用将真实世界和虚拟世界相结合,可以给顾客提供全新的体验。

（六）文化环境

文化环境对消费者的需求和购买行为的影响是很重要的。个人爱好不同、消费习惯不同，导致需求不同，饭店市场营销受教育水平、宗教信仰、传统习惯等文化因素的影响很大，因此，饭店在提升服务业文化素质方面，不仅要丰富饭店文化内涵，更要扩大文化服务。在丰富文化内涵方面，企业要增强文化业发展的软实力，发挥文化元素和价值理念对服务业创新发展的重要作用，提升服务产品的文化价值，提升研发设计、商务咨询等服务的文化创意含量，将传统文化、民俗风情和区域特色注入旅游休闲、文化娱乐、体育健身等领域，使服务产品和模式更加具有文化魅力与吸引力。在扩大文化服务方面，加快构建结构合理、门类齐全、竞争力强的现代服务产业体系，推动三网融合和媒体融合，整合网络与媒体资源，使线上与线下资源互补发展。

第二节　饭店营销微观环境分析

饭店营销部门的工作是通过创造顾客的价值、让顾客满意和吸引顾客来店消费，以此建立与顾客的联系。营销部门工作的成功除了依靠自身力量以外，还要依赖饭店微观环境中的其他因素，包括企业自身、供应商、中间商、消费者、竞争对手及公众等。

一、企业自身

饭店营销部门在制订营销计划时应考虑饭店的各部门，如高层管理部门、财务、采购、餐饮、客房等部门。在处理各部门的关系时要知道各部门之间的矛盾和冲突点是什么，妥善运用好协调的原则使各部门之间密切配合，把顾客放在第一位，想顾客所想，共同为顾客提供上乘服务。

二、供应商

饭店的日常经营活动需要与外界联系，其中之一就是供应商。供应商要提供各种产品和原材料给饭店。例如：餐厅需要供应商提供食品加工的原材料，如鱼、肉、蔬菜、饮料等；客房部需要供应商提供客房所需的日常用品，如牙膏、毛巾、卫生纸等；饭店其他部门也需要供应商提供一些必需品，有些必需品还需要从国外进口。饭店与供应商之间的关系对饭店营销十分重要。如果饭店日常必需品供应困难，饭店的日常经营就会受到影响，甚至不能正常运转。日常必需品的价格高低会引起饭店经营成本的变化，质量的好坏及与饭店的档次匹配与否会对饭店形象产生优劣的影响。饭店营销人员需要清楚地了解和掌握饭店用品市场的供应状况和市场价格变化情况，开拓资源渠道，寻找价廉物美质优的饭店用品的供应商。

三、中间商

饭店中间商是指处于饭店与饭店消费者之间的中间人。它是把饭店产品从生产者流向消费者的中间环节或者渠道，在两者之间起到沟通的作用。中间商的主要任务是帮助饭店企业寻找顾客,为饭店的产品打开销路,并为消费者创造地点效用、时间效用和持有效用。中间商是通过销售饭店产品赚取利润,参与饭店产品流通业务,促使买卖行为发生和实现的集体或个人。中间商包括经销商、代理商、批发商、零售商、交通运输公司、营销服务机构和金融中间商等。

四、消费者

消费者是饭店的目标市场,是饭店服务的对象。消费者是企业营销微观环境中最重要的因素。消费者是饭店产品的最终购买者,消费行为直接决定饭店的经营成果,消费者的变化意味着饭店市场的获得或者失去。因此,饭店应当仔细研究其消费者市场,因为饭店营销的最终目的是在满足消费者需求的基础上实现利润的增长,消费者始终是饭店营销活动的起点和终点。饭店消费者市场一般包括散客市场和团体市场两类,每个市场都有其特点,营销人员需要认真地研究,把握变化趋势,从中找到对应的营销策略。

五、竞争对手

竞争对手属于企业市场营销微观环境因素之一。竞争对手的状况直接影响企业的经营活动。在市场经济和旅游业快速发展的推动下,我国饭店业的市场竞争局面早已形成,市场竞争已经成为饭店市场营销环境的重要因素。饭店业的市场竞争都以近距离为主,因而,其竞争环境因素分析要以区位市场,即以距本酒店1.5~2小时车程半径的市场范围为主。对竞争对手应着重分析以下几方面。

(一)地区市场供求关系分析

饭店业的市场竞争是由供求关系决定的。供大于求,以买方市场为主,必然竞争激烈,市场营销机会就少,营销难度加大;反之,求大于供,以卖方市场为主,必然缺少竞争,市场营销环境就好,市场营销机会多,营销活动的利润必然丰厚。反映饭店市场关系的指标是市场供求系数,对饭店客房和餐饮都适用。其中客房分析方法是根据市场调查资料分析饭店区位市场日均住店人次和客房接待能力的关系。计算公式为:

$$客房市场供求系数 = \frac{区位市场日均住店人次}{区位市场饭店床位总数}$$

从市场竞争的角度来看,饭店市场竞争以近距离为主。客房市场供求系数的值应该在0.5~0.8。小于0.5,表示饭店缺乏市场机会,市场竞争十分激烈;达到0.6~0.8,市场机会较好;达到或超过1.0,说明市场机会极佳。

饭店除客房外,还有餐饮市场。饭店餐饮既满足住店客人的需求,同时也接待本地流动客人和常住居民。因此,饭店餐饮市场供求系数的计算方法是:

$$餐饮市场供求系数 = \frac{区位市场日均正餐客人总量}{区位市场企业餐位总数}$$

餐饮市场供求系数与客房市场供求系数分析有两点区别:一是区位市场的范围不完全相同。客房区位市场是指以饭店为中心,1.5~2小时车程为半径的一个市场范围;餐饮区位市场的距离半径则在 0.5 小时车程左右,其市场范围要小得多。二是餐饮市场供求系数的值应不低于 0.8,低于 0.8 就会缺乏市场机会;达到 1.0,则市场机会趋于好转。数值越大,市场机会越好。

(二)地区市场供求边际分析

这一指标主要反映市场供求关系变化。它以一定时期的市场变量为基础,一般是逐年比较。这一指标既适用于饭店客房,也适用于餐饮。其计算公式为:

$$客房市场供求边际倾向 = \frac{区位市场日均住店人次增量}{区位市场客房床位增量}$$

$$餐饮市场供求边际倾向 = \frac{区位市场日均正餐客人增量}{区位市场企业餐位增量}$$

不管是客房或餐饮,市场供求边际倾向都是一个逐年变化量。其值为 1.0,表示市场环境没有变化;低于 1.0,且值越小,说明市场机会越来越小;大于 1.0,其值越大,说明市场机会越来越好。

(三)竞争企业供求关系分析

竞争企业的供求关系分析是市场竞争环境分析的主要指标。其中,客房是以区位市场范围内的同等星级饭店为主的,餐饮是以区位市场范围内的同等星级或等级的经营同种风味的饭店和饭店的餐厅为主的。其分析方法是以地区或区位市场调查资料为依据,分析竞争企业的市场供求关系。

$$客房竞争供求系数 = \frac{区位市场日均同等星级饭店接待人数}{区位市场同等星级饭店床位总数}$$

客房竞争供求系数的值以 0.5 为界:小于 0.5 表明市场竞争十分激烈,且其值越小,竞争越激烈,越缺乏市场机会;大于 0.5,达到 0.7~0.8,表明市场环境较好,竞争程度趋缓,且其值越大,竞争程度越低,市场机会越好。

$$餐饮竞争供求系数 = \frac{区位市场日均同等企业分类客源总量}{区位市场同等企业分类餐位总数}$$

上述公式中的同等企业包括同等饭店和酒楼、饭庄。分类客源指不同档次、不同星级、不同类型的客源。餐饮竞争供求系数如果大于 1,说明市场竞争环境趋好,达到 1.4~1.6,餐饮市场机会增大,竞争程度低;其值如果小于 1,则说明市场竞争加剧,且其值越小,竞争越激烈。在实际工作中,可以先通过竞争企业的抽样调查、推算或统计的客房床位利用率和平均餐位利用率来判断。

六、公众

公众是一个内涵广泛的概念,通常指所有实际上或潜在的关注、影响着一个企业达到其目标的政府部门、社区组织、群众团体和居民。公众一般可以分为政府公众、金融公众、媒介公众、群众团体、当地公众、内部公众和一般公众等七大类。政府公众是指政府有关机构;金融公众是指关心并可能影响企业获得资金能力的团体,如银行、信托投资公司等;媒介公众是指报社、杂志社、电视台和广播电台等大众传播媒介;群众团体是指消费者组织、环境保护组织和其他群众组织;当地公众是指企业所在地附近的居民和社区组织;内部公众是指企业内部的公众,包括高级管理人员、一般管理人员和普通职员等;一般公众是指除企业所在地附近的居民、社区组织以及企业内部的公众以外的居民、员工或组织团体。公众的舆论对饭店在社会上树立良好的声誉、获得有利的竞争地位起着至关重要的作用,并对顾客起着引导消费的作用。

📖 **阅读材料**

酒店行业市场现状分析,市场发展面临转型

近年来受实体经济下行压力等多重因素的影响,东莞的酒店行业发展遇到了前所未有的困难。在多重压力下,东莞的酒店业吹响了转型号角,各酒店都在殚精竭虑地思考如何开源节流、找到转型方向。

从目前的情况来看,东莞的酒店在转型过程中,纷纷把目光聚焦于大众市场。这些金碧辉煌的五星级酒店纷纷"放下架子",努力向公众塑造亲民的形象。例如,位于东莞长安镇的莲花山庄,是东莞难得一见的山水式五星级酒店。如今在大环境的影响下,该酒店管理层决定向"农家乐"转型,酒店内辟出数十块菜地出租给市民种菜。

高星级酒店转型的原因是遭遇经营的困境。不少高星级酒店降低菜式的价格,要和大排档、农家乐争夺客人。

根据前瞻产业研究院发布的《2015—2020年中国酒店行业发展前景与投资战略规划分析报告》显示,2007—2013年,全国高星级酒店数量呈逐年增加趋势。2013年,高星级酒店(包括四星级和五星级酒店)共3100家,较2012年增加了274家。

东莞酒店行业在转型中所表现出来的活力,让人对其未来的发展依旧抱有信心。

面对酒店行业的"寒冬困境",高星级酒店应该学习东莞这家变身"农家乐"的五星级酒店,走出自己的特色发展路线。

在酒店业的"新常态"下,酒店要学会如何做好酒店,做好产业转型,才有出路。但在转型中不要忘记,酒店的发展最终还是要回归到提供高质量的服务的本质上,要想经营好一家酒店,真正的核心仍是做好服务。

第三节 饭店市场营销机会与风险分析

一、SWOT分析

SWOT分析又称态势分析,就是将与研究对象密切相关的各种主要的内部条件的优势、劣势以及外部环境的机会、威胁等,通过调查列举出来,并依照矩阵形式排列,然后用系统评价的思想,把各种因素相互匹配起来加以分析,从中得出一系列相应的结论,而结论通常带有一定的决策性。SWOT分析法包括分析企业的优势"S"(strengths)、劣势"W"(weaknesses)、机会"O"(opportunities)和威胁"T"(threats)。

饭店企业内部的优、劣势是相对于竞争对手而言的,表现在资金、饭店装潢、设施设备、员工素质、管理技能等方面。衡量企业优、劣势有两个标准:一是资金、产品、市场等一些单方面的优、劣势;二是综合的优、劣势,可以选定一些因素进行评价打分,然后根据重要程度进行加权,取各项因素加权数之和来确定企业是处在优势还是处于劣势。企业应扬长避短,若内部优势强,就宜采取发展型战略;否则,就宜采取稳定型或紧缩型战略。

饭店企业外部环境是企业无法控制的,有的给企业的发展带来好处,也有可能给企业带来某种机会,例如宽松的政策和技术的进步就有可能给企业降低成本、增加销售量创造条件;有的对企业发展不利,可能给企业带来威胁,如紧缩信贷、原材料价格上涨、税率提高等。来自饭店企业外部的机会与风险,有时需要与竞争对手相比较才能确定。有利条件可能对所有饭店企业都有益,风险也不仅仅是威胁某一企业,因此,在有些情况下还要分析同样的外部环境到底对谁更有利或更无利。当然,饭店企业与竞争对手的外部环境是不可能完全相同的,但很多时候却有许多共同点,此时,对机会与风险的分析就不能忽略与竞争对手的比较。

SWOT 分析的做法是:针对某一饭店,依据饭店的方针列出对该饭店发展有重大影响的内部及外部环境因素,继而确定标准,并对这些因素进行评价,判定是优势还是劣势,是机会还是风险。

在以上分析基础上,可以根据饭店企业的得分来判定该企业应采取何种类型的战略,如图3-2所示,处于第Ⅰ象限,外部有众多机会,又具有强大的内部优势,宜采取发展型战略;处于第Ⅱ象限,外部有机会,而内部条件不佳,宜采取措施扭转内部劣势,可采用先稳定后发展战略;处于第Ⅲ象限,外部有威胁,内部状况又不佳,应设法避开威胁,消除劣势,可采用紧缩型战略;处于第Ⅳ象限,拥有内部优势,而外部存在威胁,宜采用多种经营战略,分散风险,寻求新的机会。

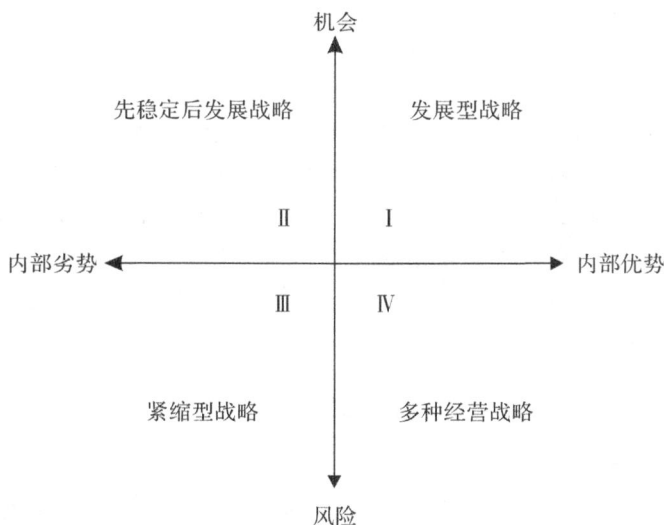

图 3-2 SWOT 战略选择图

日照市旅游业起飞前夕的 SWOT 模型分析

国际知名的管理学者史提勒(Steiner)将环境中的优势(strengths)、劣势(weaknesses)、机遇(opportunities)与威胁(threats)组合起来,称之为 SWOT 模型。利用这一模型,对项目开发、企业营销等重大的投资决策可以进行系统的分析论证。SWOT 模型的运用十分有利于做出正确的判断。

目前,国际旅游业已将 SWOT 模型分析应用于编制旅游发展战略、发展规划,以及重要的旅游开发、营销项目的策划与决策判断。我们在为日照市编制旅游业发展战略时,也运用此模型进行了分析。

1. 优势

(1)日照市是中国唯一拥有"3S"全面优势的海滨旅游城市。国际公认的海滨旅游地的三大卖点是"沙滩"(sandy beach)、"阳光"(sun)、"海水"(sea)。我国许多知名的海滨旅游地赢得美誉,几乎都得益于"3S"中某一两方面的优势,但在三个"S"上皆拔得头筹的,日照市是绝无仅有的一个。

(2)交通条件的迅速改善使日照拥有日益扩大的市场发展空间。目前,在我国,交通是制约旅游市场拓展的瓶颈。幸运的是,日照的对外交通有大幅度的改善,便利了国内外游客的进入,市场空间的迅速扩大,将为日照旅游业的起飞提供有力的市场保障。

(3)日照在众多北方海滨旅游地中拥有"时间长"的优势。我国的北方沿海地区,一年中海水表层温差变化大,黄、渤海的海滨旅游地,仅在炎夏期两个多月的时间适宜海水浴。但在日照市,6—9 月的平均气温为 22.5℃、26.4℃、26.8℃、21.3℃;适宜海水浴的时间较之其他北方海滨旅游地,都开始得早、结束得晚。

(4)拥有开发独具特色的旅游餐饮和旅游商品的资源优势。不受污染的日照海域,盛产西施舌、海参、鲍鱼等名贵的海鲜。另外,由于光照充分,日照的绿茶质地优良,肉厚、耐冲泡。日照的银杏果(白果)粒实肉糯,口感上佳。运用四千多年前龙山文化时期的传统工艺,生产出的黑陶仿古器皿和现代日用工艺品,是日照旅游商品中的"黑珍珠"。只要充分发挥上述资源优势,投入高智慧的创意,就能使日照的旅游餐饮和旅游商品大放异彩,使来日照的旅游者满载而归。

(5)名人优势。日照籍的名人虽数量不多,但能量不小。这些名人包括诺贝尔奖获得者、物理学家丁肇中博士,曾任中共中央政治局常委、组织部部长的宋平,以及为广大人民所熟知的中央电视台气象预报员裴新华等。为发展旅游业,大量宣传、公关活动都需要名人效应,名人优势在一定条件下即可转化为旅游业发展的优势。

2. 劣势

(1)对旅游业认识不足,导致旅游业发展滞后。日照市城市总体规划对城市性质的定位,将旅游业列为港口、工业、商贸之后的第四位。长期以来,日照市的招商引资集中在工业项目上,如不及时调整旅游业在城市规划中的位置,旅游业发展的相对劣势将难以扭转。日照发展旅游业的优势没有得到旅游界的认可,在全国缺乏影响力。

(2)负面近邻效应。长期以来,日照在旅游市场上知名度不高,却与知名度极高的海滨旅游城市青岛互为近邻。日照如不能尽快地与青岛建立"双赢"的伙伴关系,客观存在的负面近邻效应,将给日照的旅游市场开发带来一定的困难。

3.机会

(1)有列入山东省旅游业新的生长极的可能。山东省已将旅游业定位为新的经济增长点和培育中的支柱产业,必然将在省内发掘旅游业新的生长极并予以重点扶持,大力开发。在有资格参选生长极的旅游地中,日照具有相当大的优势,一旦入选,将为日照旅游业起飞赢得良好的机遇。

(2)优化产业结构的重任有可能为日照旅游业赢得优先发展的良好机遇。旅游业是先导产业,具有拉动其他产业的能力。即将推出的太阳城主题旅游和即将举办的太阳能高科技学术会议、太阳能高科技展销会,将进一步为日照引进国内外最先进的高新技术产业,并使日照成为山东省乃至全国的太阳能硅谷。由旅游业带来的太阳能硅谷的发展远景,将促使日照市和山东省的决策人,义无反顾地下定决心优先发展旅游业。

4.威胁

(1)污染扩大的威胁。长期以来,日照国民经济的最大支柱是第二产业。在目前已有的39个工业门类中,造纸、皮革、建材、电力已经带来一定的污染,虽然污染的程度并未影响旅游业的发展,但作为一种倾向来看,应大力敲响警钟;如果再进一步发展钢铁、石化等高污染工业项目,日照拥有的"3S"的全面优势即将瓦解。

(2)省内外的竞争威胁。日照位于山东海滨的最南端,省内众多新老旅游城市与辽东半岛的众多海滨城市都是强劲的竞争对手,都在不吝投入地加大开发力度。日照市在市场信息、营销渠道等方面原已落后于人,竞争中稍有疏忽,即有可能陷入绝境。

通过以上 SWOT 模型分析,可以看出日照拥有的五项优势,都是客观存在的优势。日照的劣势,多数来自人的观念、认识,即使是负面的近邻效应,也可以通过建立双赢的伙伴关系,转化为正面效应。日照面对的威胁,是竞争形势下一视同仁的客观存在,并非日照独有。因此,我们要把握住当前的发展机遇,制订适应 21 世纪旅游业发展趋势的战略,推出精心策划的旅游产品,使日照成为众多海滨度假旅游地中最先冲出队列的一匹黑马!

二、机会与风险

(一)机会

所谓饭店市场机会,指的就是饭店在某种特定的市场营销环境条件下,当市场出现某种形势和趋向,通过一定的营销活动为饭店创造出销售成功的可能性和价值利益的突破。市场机会来源于营销环境的变化,表现为市场上尚未满足或尚未完全满足的需求。从不同的角度去考察分析,就有不同的市场机会。

市场机会是一个客观存在。首先,从市场的供求关系看,由于缺乏对称性的市场信息(市场供求双方信息不充分),供求在总量上总是呈现不平衡的状态,或是供过于求,或是供不应求,而总量上的差异就意味着市场机会的存在。其次,从客人需求角度看,饭店市场上的客源在需求上表现出一种强烈的异质化特色,即不同年龄、不同职业、不同地域、不同性别、不同性格的客人对饭店产品有不同的需求,并且,这种需求随社会环境的变化而不断变化。而饭店产品依赖于一定的有形物质和空间场所,依赖于一定数量的工作人员,因而其生产能力是有限的。这就出现了客人消费需求的广延性和饭店产品供给的狭隘性这一对矛盾,由此也给诸多饭店企业带来了市场机会。

市场机会的产生来自营销环境的变化,如开发新市场、发现竞争对手弱点、采用新产品等,这些都可能产生新的需求,从而为饭店提供市场机会。多种多样的市场机会存在于社会生活的方方面面,但对一家饭店来讲,不是所有的市场机会可以成为企业机会,为了能在错综复杂的营销环境中,有效地发现和利用有利的市场机会,饭店销售人员就应该了解市场机会的特征和类型。

企业能否获得市场机会取决于两个方面:一方面,在市场上是否出现消费需求,包括现实需求和潜在需求,并由此产生现实产品销售的可能性。另一方面,企业能不能认识到存在着市场机会,并果断地抓住机会。应当说,后一方面更为重要,因为正是在这一点上体现了企业的竞争能力。客观事实无法改变,主观条件通过自身努力却可以具备。产生机会在于市场的客观变化,赢得机会则取决于企业主观上的追求。

(二)风险

企业经营风险是市场营销的不利因素,它是生产经营活动中长期存在的客观现象。随着市场经济的发展、市场竞争的加剧,风险经营管理的重要性日益提高,营销人员应在营销活动中针对企业经营目标,以最小的费用将风险减轻到最小。

1.风险的衡量

风险的衡量就是度量、评估有关风险对实现既定目标的不利影响及其程度。对风险进行衡量,需要两方面的信息:风险损失发生的频率与这些损失的严重程度。比较合理的情况是以损失的严重程度作为评估的主要依据。对风险损失的严重性进行评估时,应注意以下几点。

1)风险损失的相对性

在衡量风险损失时,除了正确测量损失的绝对量外,还应该充分估计该经济实体对可能发生的风险损失的承受能力。

2)风险损失的综合性

在确定损失严重性的过程中,必须注意考虑同一风险事件可能产生的所有类型的损失及其对经济实体的最终的综合影响。在估计风险所带来的直接损失、有形损失的同时,还要充分考虑风险所产生的间接损失、无形损失。

3)风险损失的时间性

损失总有一个发生、发展与终结的过程,有些风险所产生的损失当场得以体现,而有些则需一定时间后才能充分暴露,因此,风险的衡量要与时间联系在一起。

2.风险的控制

控制经营风险的目的主要是阻止或减轻风险损失。风险的控制主要有以下几种方法。

1)损失回避

这是一种对付风险的最彻底的手段,有效的损失回避可以完全解除某一特定风险可能造成的损失。但它又是最消极的手段,因为它主要通过放弃或不再进行某项活动以消除风险源,同时使获得收益的可能性降至为零。并不是所有的风险均能回避,避免了某一种风险,可能又会面临另一种新的风险,所以,只有在迫不得已的情况下,才使用损失回避手段。

2)损失控制

损失控制是通过减少损失发生的机会,或通过降低所发生损失的严重性,来处理那些不愿回避或转移的风险,它是一种被普遍采用的风险管理手段。

根据控制的目的,损失控制可以分为损失预防与损失减轻两种。前者主要是试图减少或消除损失发生的机会,后者则主要是降低损失的严重程度。

3)风险隔离

风险隔离是对所面临的风险单位进行空间与时间的分离,这样便可达到减轻风险损失的目的。风险隔离相应地增加了所要控制的单独风险单位的数量,如果其他情况不变,根据大数定律,显然会减少风险损失,当然,可能会增加一定的管理费用。

4)风险结合

风险结合与风险隔离正好相对应,是从另一个方面进行管理,即通过减少风险单位的数量来提高整体预防未来损失的能力,这在市场波动大、竞争激烈的现实世界中是极为有效的。

5)风险转移

作为风险控制对策中的风险转移,主要通过契约或合同将损失的财务负担和法律责任转移给非保险业的其他人,以达到降低风险发生频率和缩小其损失程度的目的。风险转移可能使风险在损失承受者之间进行转移,但不可能因此将风险消除或者减少。

三、机会-风险方格

机会与风险分析的另一种方法就是运用机会-风险方格,如图3-3所示。营销人员对营销风险可从两方面进行评估:一是潜在重要性,重要性的大小依风险成为事实时公司的损失多少而定;二是发生的可能性,即风险成为事实的可能性。对营销机会也可从两方面进行评估:一是潜在吸引力,即获利的能力;二是成功的可能性。

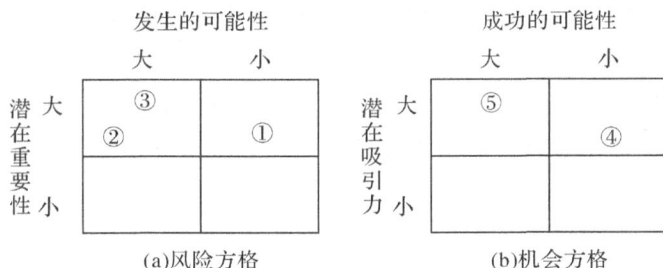

图3-3 机会-风险方格

例如,某饭店经调查,了解到影响该饭店业务的因素如下:①政府采用宏观手段限制国内旅游。②该饭店主打菜肴的原材料价格上涨。③因货币贬值,其主要客源大大减少,客人消费额下降。④随着饭店市场竞争的日益激烈,一大批饭店将退出该行业,使该饭店的竞争处于更有利的位置。⑤国内外对商务饭店市场的需求量激增。

从图3-3可见,上述饭店的三个风险的潜在重要性都大,但发生的可能性不同,②③的可能性大,①的可能性小,应集中精力应对②③两个风险。两个营销机会的情况也不同,一般应优先考虑潜在吸引力和成功可能性都大的机会,如上述机会⑤。

运用机会-风险方格分析企业的营销活动时,应把各项因素予以综合考虑。由于饭店业的特殊性与饭店业特有的市场环境和经营方式,饭店业更应该重视机会与风险管理,把握营销机会,尽量避免和缩小营销风险,发挥本企业的优势,创造营销佳绩。

四、市场机会与威胁中的饭店对策

(一)市场机会中的饭店对策

饭店应对市场机会的对策有三种。

1.及时利用对策

当市场机会出现时,饭店马上通过自身可控因素的调整,为目标市场提供产品或服务,以充分利用机会。

2.准备条件,适时利用对策

对在一定时间内不会发生变化的市场机会,如饭店目前各种条件暂不具备时,应积极准备条件,待各方面条件成熟后,再利用机会。

3.放弃机会对策

饭店对即使通过自身努力也无法取得理想效果的市场机会,若做不如不做,应主动放弃,另觅他径。

(二)市场威胁中的饭店对策

饭店应付市场威胁的对策也有三种。

1.反抗对策

反抗对策,又称正面对抗或促变对策,是指饭店通过各种手段扭转不利的环境或限制发展的不利环境。如饭店联合起来要求取消不利于饭店发展的某项规定等。

2.减轻对策

减轻对策,又称改良市场营销组织对策,指饭店适应环境的变化要求,通过调整自身市场营销组合来适应环境,以减轻环境威胁的程度。如饭店适应环保的要求,开展绿色营销、创建绿色饭店活动。

3.转移对策

转移对策,又称改变市场营销组合对策,指饭店遇到不可逆转的市场威胁,果断地主动将投资转移到其他有利的行业或市场上去,或实行多元化经营等。

复习与思考

一、重点概念

饭店营销环境　　饭店营销宏观环境　　饭店营销微观环境　　SWOT　饭店市场机会

二、思考讨论题

1.简述饭店营销环境的构成。
2.饭店营销宏观环境包括哪些内容?这些因素是如何影响饭店营销工作的?
3.饭店营销微观环境包括哪些内容?这些因素是如何影响饭店营销工作的?
4.简述市场机会和市场威胁中的饭店对策。

三、实践题

学生分组以本地区某饭店为例,对其饭店市场营销环境进行分析。

第四章
饭店客户关系管理

客户关系管理是现代饭店良好运营的重要组成部分,是饭店树立良好形象的基础,良好的客户关系是饭店生存与发展的重要保障,因此,饭店维持客户关系便显得格外重要。当然,现代信息技术的发展更是为饭店进行客户关系管理提供了极大的方便。本章从客户关系管理出发,主要介绍了客户关系管理的内涵、客户信息的收集和客户档案的建立,此外,还介绍了饭店客户关系的维护与营销策略以及大客户推销和维护技巧。

思政目标

★培养学生创新意识,帮助其构建适应企业发展的创新性意识体系

★引导学生不怕困难、刻苦钻研、追求卓越的态度和拼搏精神,培养勇于担当的科学精神和创新创业时代精神

学习目的

◆掌握客户关系管理的内涵、主要内容及目标

◆理解客户信息的内涵和分类

◆掌握客户信息收集的方法以及常见客户档案的形式

◆熟悉饭店实施客户关系管理的办法

案例导入

客户不见了……

蓝小姐是 ABC 公司驻京办的工作人员,其公司每年都有 100 多天入住 M 饭店,加上一年一度的年会活动,该公司每年在 M 饭店的花费超过 30 万元。2018 年 8 月的一天,蓝小姐气冲冲地到前台找大堂副理小郭,说她的老板的丝绸睡衣被洗坏了。小郭接过睡衣仔细看了看,确实有几个小小的泡泡,且稍稍有点发黄,不仔细看根本看不出来。小郭按照饭店通常的做法,立即表示道歉,并愿意按照饭店的惯例,赔偿洗衣服务费 10 倍的价格。这样看起来似乎没有什么问题,一切都很正常。但是,对于蓝小姐来说,事情却远没有结束。因为她的老板并不同意这种处理方式,她说她的丝绸睡衣花了 300 多美元买的,按照当时的汇率可是折合 2000 多

元人民币呢。现如今睡衣已经不能穿了,怎能赔偿200元人民币就算完了? 于是,投诉升级了。此事汇报到总经理处,总经理说:"我们也是按照国际惯例处理的,没什么问题啊。"大堂副理只好如实转告蓝小姐。蓝小姐知道投诉无门,微笑着说声谢谢以后走了。

饭店以为此事已经解决了,以至于蓝小姐是什么时候离店的都不知道。一切工作照常,M饭店的生意与往常没有什么差别,仍然火爆。直至年底,销售部想起蓝小姐的公司每年的年会还没有下订单,于是赶快打电话询问。蓝小姐仍然客客气气地回答:"年会还没有定,一有消息会告知。"其实他们的年会早就已经订到别的饭店了,而且这段时间以来,公司陆陆续续来了很多人,都被安排在别的饭店住宿。直到年会开完,M饭店才知道人家已经跟自己"拜拜"了。销售总监这才想起过去拜访,问问怎么回事。蓝小姐不痛不痒地回答说:"你们M饭店生意那么好,也不差我们这个小小的客户,所以我们就不麻烦你们了。"销售总监这才想起上次那个投诉。当时,蓝小姐说服了她的老板,不要为了2000多元钱去跟饭店大吵,那样有失身份。蓝小姐说自己去给老板买一件新的,今后再也不住M饭店就是了。蓝小姐和老板提前退房也没有引起任何人的注意,以至于后来很长时间没有人过问此事。

第一节　客户关系管理概述

一、客户关系管理的内涵

客户关系是指企业与客户之间各种联系的总和。客户关系管理(customer relationship management,CRM)是运用现代信息技术,识别有价值的客户,了解他们的行为、期望、需要,并进行系统化的分析和跟踪研究,在此基础上进行"一对一"的个性化服务,与客户建立良好的关系,并对客户关系进行管理的过程。其指导思想是提高顾客的满意度和忠诚度,为企业带来更多的利润。

客户关系管理的内涵可以从三个层面进行理解。

(1)在战术层面,客户关系管理主要是一个技术过程,即饭店通过采用先进的数据库技术和决策支持系统有效地收集和分析顾客信息,正确地识别顾客的偏好、愿望和需求,以培养和增强顾客的忠诚度,实现对顾客的终身挽留。

(2)在战略层面,客户关系管理被视为核心的商业策略。客户关系管理不仅是因特网和电子商务、多媒体技术、数据库和数据挖掘、专家系统和人工智能、呼叫中心等技术的结合,同时也是在"以客户为中心"的发展战略基础上开展的包括判断、选择、争取、发展和保持客户所实施的全部管理过程。

(3)在核心理念层面,客户关系管理被视为一种经营观念,是企业处理其经营业务及顾客关系的一种态度、倾向和价值观。

客户关系管理的应用范围包括技术辅助式营销(technology-enabled marketing,TEM)、客户服务和支持(customer service and support,CSS)、技术辅助式销售(technology-enabled selling,TES)。这种管理系统是数据库技术和企业市场营销相结合的产品,通过识别和平衡与现有客户及潜在客户相关的需求、商业模式、机会-风险和服务成本,提高企业的市场占有率与客户忠诚度。一个优秀的客户关系管理投资能够提供更好的客户理解,拓宽客户联系渠道,增加客户与企业的联系,达到客户互动,以及对客户渠道和企业后台的整合。就很多饭店而言,如果缺乏一个完善的客户关系管理系统,对客户信息的收集就不完全,从而可能导致饭店对客户的服务不到位,或者达不到客人要求的标准。如此一来,很多客人的忠诚度会因此而减弱,甚至会完全丧失,最后导致客户的流失。因此,建立一个完善的客户关系管理系统对每一个饭店来说,都是重要的。

二、饭店客户关系管理的主要内容

饭店客户关系管理是一个不断加强与客户交流,不断了解客户需求,并不断对产品及服务进行改进和提高,以满足客户需求的连续的过程。在确立目标的过程中,饭店必须清楚地认识到建立 CRM 系统的初衷:是市场上的竞争对手采用了有效的 CRM 手段,还是为了加强客户服务的能力? 这些问题都是在建立 CRM 项目前必须明确给出答案的问题。只有明确实施CRM 系统的初始原因,才能给出适合饭店自身的 CRM 目标。

在饭店中,客户关系管理日常工作内容主要包括以下几个方面。

(一)客户调查

客户调查是饭店实施市场策略的重要手段之一。其通过人口特征、生活态度、生活方式、消费历史、媒介消费等对目标客户进行分析,迅速了解客户需求,及时掌握客户信息,把握市场动态,调整、修正饭店产品与服务的营销策略,以此满足不同的需求,促进产品及服务的销售。

(二)客户开发管理

在竞争激烈的市场中,能否通过有效的方法获取客户资源,往往是饭店成败的关键。客户越来越明白如何满足自己的需要和维护自己的利益,饭店获得与保持客户变得越来越难。因此,加强客户开发管理对饭店的发展至关重要。

客户开发的前提是确定目标市场,研究目标客户,从而制订客户开发市场营销策略。营销人员的首要任务是开发准客户,通过多种方法寻找准客户并对准客户进行资格鉴定,使饭店的营销活动有明确的目标与方向,使潜在客户成为现实客户。

(三)客户信息管理

客户信息管理是客户关系管理的重要内容和基础,包括客户信息的收集、处理和保存。建立完善的客户信息管理系统,对饭店扩大市场占有率、提高营销效率、与客户建立长期稳定的业务联系,都具有重要意义。

客户信息管理还包括对客户进行差异分析,识别饭店的“金牌”客户;分析哪些客户导致饭店的成本增加;选出饭店本年度最想和哪些企业建立商业关系;列出上年度有哪些大客户对饭店的产品或服务多次提出了抱怨;找出上年度最大的客户是否今年也订了不少的产品;知晓是否有些客户在饭店只订了少数几个房间,却在其他饭店安排了更多的客人;根据客户对本饭店的价值(如客房收入、餐饮收入、会议收入、与本饭店有业务交往的年限)等标准,把客户区分为准客户、新客户和老客户，大客户和一般客户，并实施不同的市场营销策略，进行客户管理。

(四)客户服务管理

客户服务管理是了解客户需求，以实现客户满意为目的，饭店全员、全过程参与的一种经营行为和管理方式。它包括营销服务、部门服务和产品服务等几乎所有的服务内容。客户服务管理的核心理念是饭店全部的经营活动都要从满足客户的需要出发，以提供满足客户需要的产品和服务作为饭店的义务，以客户满意作为饭店经营的目标。客户服务质量取决于饭店创造客户价值的能力，即认识市场，了解客户现有与潜在需求的能力，并将此导入饭店的经营理念和经营过程中。优质的客户服务管理能最大限度地使客户满意，使饭店在市场竞争中赢得优势，获得利益。

客户服务管理还包括调整产品和服务，以满足每一个客户的需求。要改进客户服务过程中的纸面工作，节省客户时间，节约公司资金；使发给客户的邮件更加个性化；替客户填写各种表格；询问客户，他们希望以怎样的方式、怎样的频率获得饭店的信息；找出客户的真正需要；征求名列前十位的客户的意见，看饭店究竟可以向这些客户提供哪些特殊的产品和服务；争取企业高层对客户关系管理工作的参与。

(五)客户促销管理

促销是营销人员将有关产品信息通过各种方式传递给客户，提供产品情报，增加消费需求，突出产品特点，促进客户了解、信赖并使用产品及服务，以达到稳定市场销售，扩大市场份额，增加产品价值，发展新客户，培养、强化客户忠诚度的目的。营销人员要给自己的客户联系部门打电话，了解客户预订量减少的原因；给竞争对手的客户联系部门打电话，比较服务水平的不同；把客户打来的电话看做一次销售机会；测试客户服务中心的自动语音系统的质量；对饭店内记录客户信息的文本或报告进行跟踪；确定哪些客户给饭店带来了更高的价值，与他们更主动地开展对话；通过信息技术的应用，使客户与饭店做生意更加方便；改善对客户抱怨的处理，等等。

案例导入

一次完善的服务补救

今年年初，我随团去泰国旅游考察，在曼谷下榻希尔顿旗下的康莱德酒店，其间亲历了一个服务失误补救案例，领略到优质服务的魅力。

我在曼谷当地有一位合作多年的老客户，得知我来泰国异常高兴，于是我们约定次日早晨九点半在酒店大堂见面。由于第二天团队还有其他活动，当晚导游便同我一起到总台交代服务员："小姐，明天我们团早晨8:30出发，这位王先生住××房，上午要离团单独活动，请把他的房间保留到9:20，客人届时自己到总台结账退房。"在得到总台的确认后，我们放心地上楼休息了。

第二天早晨，我取出专门为老客户准备的一份礼品，用酒店的手提袋装好放在床头柜旁，下楼和导游约定与客户会面结束后直接到午餐地点与团员们会合,随后就到餐厅用早餐。餐毕回到房间时,我却发现那袋礼品不见了!我急忙到总台询问,原来总台通知查房时忘了交代我这间房9:20才退,楼层服务员发现我的房间还有一袋物品,以为是团员忘带了,就让行李员取走直接装上了大巴!

我一听就急了,我只约定了中午与团队会合的地点,并没有留导游和司机的电话号码,加之出国旅游没有随身携带通信工具,根本无法与团员取得联系,这可怎么办?

(**点评**:工作疏忽大意、想当然以及沟通不到位,是服务失误的重要原因。那位通知团队退房的总台员工如果能再仔细一点,或是行李员在把"遗忘"的手提袋装上大巴前能再和客人或导游沟通确认一下的话,就不会出现这样的失误了。)

正在一筹莫展的时候,一位身穿深色西服的酒店经理走上前来:"王先生,我叫Jim,是酒店宾客服务高级经理,您遇到的问题由我全权负责。我已经知道了您的不愉快的经历,非常对不起,因为我们的失误,给您带来了诸多不便,我们愿意全力补救。我们已经安排酒店销售部和旅行社联系,争取尽快找到导游和司机,确认他们的方位。"

(**点评**:出现服务失误引起客人投诉后,员工把问题逐级上报的现象在很多酒店屡见不鲜。而各级管理人员接手处理时,客人往往都不得不复述一遍自己的经历。员工的逐级上报和客人一遍一遍地复述,不但影响效率、延误时机,更加重了客人的不满和怨气。而Jim很快了解了整个事情的经过,第一时间出现在客人面前,表示全权负责并直接切入主题,无疑给客人留下了很好的印象和几分安定。另外,很多时候面对客人的抱怨和投诉,酒店方除了道歉外总喜欢解释:之所以会出现问题,是这样或那样的原因造成的……其实,客人最需要的是解决问题而不是解释原因。问题发生的原因并不是客人关注的焦点,没有行动只是一个劲儿地道歉根本于事无补。Jim在道歉后主动表明愿意全力补救的积极态度并已经有了第一步实际行动——尽快寻找到导游和司机,很好地舒缓了客人的焦虑情绪。)

不一会儿,Jim的手机响了,是大巴司机打来的,团队正在前往景点的路上,约15分钟后到,停留半小时。Jim随即对我说:"王先生,我们已经找到司机了,从酒店到那一处景点大约需要半小时,我们马上派车去取,您可以先在这里等您的客户;如果您不放心,我们的车也可以送您一起去,九点半您的客户到来时,我会在大堂恭候,并负责接待他们。另外,不管您随不随车去,我们都将为您和您的客户免费提供一间会客室以及饮料、茶点。"

因为同行团友很多人用酒店的手提袋装物品,我担心司机不容易找到我那个装有礼品的袋子,就表示要随车前去领取。于是,我找出客户名片,准备给他打电话说明情况。Jim在旁见状马上说:"您可以用我的手机打,如果您不介意的话可以把名片给我,我来帮您拨。"我正愁不了解如何拨打泰国的号码时,听Jim这么一说,欣然把名片递给他。Jim一看名片的地址,立即告诉我:"王先生,这幢写字楼离那处景点很近,您看这样行不行,您和客户商量一下,不用麻烦他过来了,待会儿您取到礼品后我们直接送您到他的办公室,更节省时间。"对于这样的安排,我当然没有异议。接下来我跟老客户通了电话,说定由我去他们公司拜访。

(**点评**:不吝惜酒店的资源,如车、手机、会客室、饮料、茶点等,设身处地为客人着想,周到细致地提供多种方案供客人选择,灵活应变、真诚地为客人解决问题,全力做好服务补救,Jim显示了很好的职业素养。)

不一会儿，一位制服整洁、笔挺，颇有绅士风度的中年司机开着一辆一尘不染、崭新锃亮的奔驰车停在我面前。这位司机一上来就递上一瓶冰镇的果汁让我解渴，随即用车载电话联系旅游大巴司机，问清了对方车号和准确的停车位置后对我说："王先生，我们半小时之内就能赶到，您放心。"一路上，他还非常热情地介绍沿途的风景、建筑，不知不觉就到了目的地。停车场非常大，停靠了几十辆大大小小的车辆。他把车停好，带着我很快就找到了那辆大巴，取回了礼品，又把我送到客户公司所在的写字楼入口，道别时他真诚地说："王先生，我们再次为今天的失误表示歉意，衷心地希望能得到您的原谅。现在是9:25，祝您和客户洽谈愉快，期待您再次下榻我们的酒店。"此时已是满意加惊喜的我，在感动和赞叹之余，真不知该说什么好了。

（点评：一流员工的完美服务，为这次服务补救行动画上了一个圆满的句号。如何把服务失误和客人投诉真正当做我们的机会点，用心采取补救措施，解决客人的问题，感动客人进而建立良好的客户关系，提高客人的满意度和忠诚度，值得每个酒店工作者深思。）

三、饭店客户关系管理的目标

在制订实施客户关系管理的目标时，既要考虑饭店内部的现状和实际管理水平，也要看到外部市场对饭店的要求与挑战。没有一种固定的方法或公式可以使饭店轻易地达成客户关系管理的目标。具体而言，客户关系管理的目标包括以下几个方面。

（一）提高工作效率，增加客户满意度

实施客户关系管理是饭店战略管理的一个重要组成部分。它着眼于如何去理解和管理饭店当前的和潜在的客户需求，围绕客户消费行为，适时改变饭店战略、机构和技术，更好地为客户服务。

（二）拓展市场份额，降低营销成本

CRM系统可以采用信息技术和新的业务模式（电话、网络），提高业务处理流程的自动化程度，实现饭店范围的信息共享；可以提高饭店员工的工作能力，使饭店内部能够更有效地运转；还可以对客户进行具体甄别和群组分类，并对其特性进行分析，使市场推广和销售策略的制订与执行避免了盲目性，节省时间和资金，从而扩大饭店经营范围，及时把握新的市场机会，占领更多的市场份额。

（三）保留有效客户，提高销售收入

饭店利用CRM系统提供的多渠道的客户信息，确切了解客户的需求；客户可以自己选择喜欢的方式同饭店进行交流沟通，方便其获取信息，得到更好的服务。CRM系统客户的满意度得到提高，可以帮助饭店保留更多有价值的老客户，并更好地吸引新客户，增加销售的成功概率，进而提高销售收入。

（四）创造客户价值，增加饭店利润

饭店以创造客户价值为目标，为客户提供具有价值的产品和服务，并以某种价格在市场上推销。由于对客户有更多的了解，业务人员能够有效地抓住客户的兴趣点，有效进行销售，避

免盲目地以价格让利取得交易成功,从而提高销售利润。

(五)实现客户关系向更多、更久、更深层次的发展

"更多"指的是客户数量的增多。实现"更多"的途径有三个:挖掘和获取新客户、赢回流失的客户、识别新的关系细分市场。虽然挖掘和获取一个新客户的成本要高于挽留一个老客户,但由于饭店不能保证不发生客户流失,因此饭店在尽可能挽留老客户的同时,必须积极发展新客户,这可以起到补充和稳定客户源的作用。赢回流失的客户就是要恢复和重建与已流失的客户之间的关系,主要针对那些曾经属于饭店但因某种原因已经终止与饭店联系的客户。识别新的关系细分市场,也可以有效地增加饭店的客户关系量。

"更久"关注的主要是客户关系的持续时间,即通过培养客户忠诚度,挽留有价值的客户,减少客户流失,改变或放弃无潜在价值的客户。其主要任务就是加强客户忠诚度和提高饭店挽留率,延长客户关系生命周期。研究表明:挽留一个现有客户比吸收一个新客户更为经济。美国学者雷奇汉通过对美国信用卡业务的研究发现:客户挽留率每增加5%,可带来公司利润60%的增长。从这个意义上讲,挽留客户时不管付出多么艰辛的努力都是值得的。

"更深"是指现有客户关系质量的提高,即通过交叉销售和刺激客户的购买倾向等手段使客户使用饭店的次数更多,从而加深饭店与客户之间的密切关系,提高每一个客户关系的质量。

📖 阅读材料

饭店客户关系管理在中国的发展现状

一、国内饭店业客户关系管理的理念和方法运用尚不成熟

CRM这种管理模式和系统解决方案正吸引着众多的国内外学者和饭店专家的探索及研究。一些知名的跨国饭店集团早已成为实施客户关系管理的先行者,并在实施过程中投入了巨大的精力,从而加强了自身获取和保留客户的能力,大大提升了自身的核心竞争力。

在CRM应用热潮的推动下,我国饭店业也进行了不少有益的尝试,并取得了一定的成效,但与国外饭店集团相比,不管是在理论研究领域或是在行业应用领域均显稚嫩。

我国饭店业的客户关系管理理念的产生可以追溯到20世纪80年代初期。从半岛酒店、喜来登酒店和假日集团进入我国开始,饭店的经营和管理中就引入了"客户第一"和"客人永远是对的"等一系列客户导向的经营理念和思想,并在饭店计算机管理系统中设立了客户资料管理功能,使饭店业成为我国服务业率先树立"客户导向"的先锋。然而,40年来,客户关系管理及其为饭店所带来的经济效益并没有与我国饭店业的发展规模和速度相匹配。许多饭店管理者还没有真正领悟到客户关系管理的精神实质和思想精髓,饭店缺乏一套完善的机制来保证客户信息的获取、分析、运用以及管理的实施。

二、客户关系管理技术在饭店业全面推广应用的障碍

1.客户数量庞大,客户信息分散、涉及面广,给数据收集带来困难

客户资料来源于市场、销售、前台、客房及餐饮等各个部门乃至每个员工,难以使每个部

门、每个员工都意识到收集客户信息的重要性和确保收集信息的准确性,一旦某个环节出了问题,就会影响整个数据库的有效性。

另外,数据收集的灵活性高,不同客户或同一客户不同时期的喜好和提出的要求多种多样,诸如房间类型、朝向、枕头、毛巾的数量,报纸、小吃、用品的种类、品牌,客户是否吸烟、是否看付费频道等。有些信息可以预测、归类,有些不能,难以使每个相关员工掌握信息。

饭店客户信息的以上特点,给客户信息的收集和数据库的建立带来了一定的困难。

2.饭店现有的组织结构及业务流程不利于 CRM 的实施

客户数据繁杂,其资料中包含客户的基本资料(姓名、地址、电话号码等)、联络途径、过往的消费记录,每次抵离酒店的日期、时间、房间类型、订房途径、特别服务、个人喜好,客户取消预订的记录、投诉和处理记录、累计消费积分、奖励记录、忠诚度评估等,正确收集和处理好这些数据是一项复杂而繁重的工作。

第二节　客户信息的收集和客户档案的建立

一、客户信息的定义

饭店了解客户的第一步是搞清楚这个阶段需要掌握哪些客户信息与资料。尽管对饭店而言,尽可能多地掌握客户信息是其有效制定客户关系管理战略的基础,但是,每一个饭店所拥有和掌握的资源都是有限的,无法全面掌握客户的所有信息,因此,需要有选择地调查、了解主要的客户信息。

在界定所需信息的范围时,饭店应当遵循以下两个原则。

1.根据自身的需求界定所需信息的范围

这是饭店在界定需要掌握的信息之前必须遵守的原则。首先,不同的饭店之间存在很大的差异。例如城市饭店与度假型饭店,两者所处的地理位置、客源构成相差很大,竞争态势也有很大不同,那么,由于饭店类型的不同,饭店对客户信息的需求自然也会存在差异。其次,在相同的饭店类型中,也存在不同规模的饭店。对大型饭店而言,其面对的是更大更为广阔的市场,同时由于其具备雄厚的资金与实力,故可以详细地收集客户的信息与资料;而对小型饭店或经济型饭店而言,由于资金、实力、资源等方面的限制,并不能大规模地收集客户的信息与资料,只能获取自己最需要的部分。最后,不同的饭店有不同的战略导向。即使是相同的类型、具有类似的规模,不同饭店的战略导向也会存在差异,饭店的定位也会有所不同。例如,有的饭店将自己的注意力集中在降低成本上,希望通过较低价格来赢得客户的青睐,而有的饭店则是追求产品高质量和差异化。在这些不同的战略导向指引下,企业关注的目标市场存在很大差异,客户的消费偏好和习惯也存在很大差异,企业所要掌握的客户信息与资料也大相径庭。

2.根据客户的特点确定收集信息的范围

客户与饭店的关系经历了一个类似生命周期的发展过程。处于不同阶段的客户有着不同的消费习惯,那么,饭店就必须根据不同的关系特点确定所需要了解和掌握的信息。例如,对于处于潜在获取期的客户而言,饭店需要了解客户的年龄、职业、消费偏好等信息;而对于处于成熟期的客户而言,饭店需要了解这些客户对企业产品和服务的意见、以往购买的频率与偏好、客户对于饭店的抱怨或者不满等情况。

此外,饭店面临的客户包括个体消费者、组织客户、中间客户、公务客户等不同类型,不同的客户有各自不同的要求和特点。例如,个体消费者和组织客户都是以消费为目的的,但是个体消费者与组织客户在要求上存在很大差异,相比组织客户,个体消费者购买的批量少、对价格更为敏感、与饭店之间的互动少。因此,对于饭店而言,在收集信息的时候,有必要根据客户的特点来确定信息收集的范围、方法、途径和侧重点。

二、客户信息的类型

客户信息分为个人客户信息和组织客户信息,饭店需要对其关注的内容分别介绍如下。

(一)个人客户信息

对于个人客户而言,饭店需要关注的信息如表4-1所示。

表4-1 个人客户信息分类

个人信息	产品/服务购买行为要素
姓名: 地址: 邮政编码: 电话号码:工作电话/手机号码 传真号码: 邮箱地址: 旅行目的:工作/休闲/特殊状况 预订人:自行预订/企业跟进人/中介 企业跟进人姓名: 企业地址: 职位: 结算方式:现金/信用卡/支票/企业支付	房间类型:标准间/套间/豪华套房 房间其他消费类型:长途电话/洗衣服务/送餐服务/迷你吧/其他餐饮服务/健身/水疗护理/纪念品或商品购买等 入住天数: 客人特别的日子:纪念日 到达方式:自行到达/旅游巴士/出租车/饭店接送服务 饭店忠诚度计划:会员号码 饭店合作商户的会员计划:银行/航空公司/签约公司

(二)组织客户信息

一个完整的组织客户数据库对于饭店销售部门来说是一个巨大的宝藏。一般来说,会议型或度假型饭店,开展销售工作的基础在于对饭店所处环境下人口统计学、所处地理位置市场、行业分类的研究,所以,针对组织客户,饭店需要收集以下信息。

1.基本信息

基本信息包括组织客户的名称、地址、电话、创立时间、所在行业、规模等信息,同时也包括组织客户的经营理念、销售或者服务区域、形象以及声誉等。这些基本信息对组织客户的购买行为和偏好有很大影响。例如,对处于同一行业的两家组织客户而言,规模以及实力的差异会导致他们对同一产品的需求不同。规模大、资金雄厚的客户,饭店产品的品质以及服务是其选择饭店产品的主要影响因素;而规模小、缺乏资金的客户,价格是其选择饭店产品的重要影响因素。

2.业务状况

业务状况方面的信息主要包括组织客户目前的能力、在行业中所处的位置,以及未来的发展趋势,涉及销售能力、销售业绩、发展潜力与优势、存在的问题等。这些信息的收集对于饭店针对不同的组织客户制订不同的产品和服务销售计划有着重要影响。对于那些目前具有较强的能力、良好的业绩,并且未来也有发展前途的组织客户而言,饭店需要给予更多的关注,和他们建立良好的关系;而对于那些缺乏能力和发展后劲的组织客户,饭店则需要慎重考虑。

3.交易状况

交易状况方面的信息主要关注饭店与组织客户在过去交易过程中的经历,这些信息涉及交易条件、组织客户的信用等级、与该客户关系的紧密程度、组织客户的合作意愿等内容。对于饭店而言,如果组织客户在过去的交易中曾经发生信用问题,那么饭店在与该组织客户再次交易时,就需要特别关注,以防范可能的风险。此外,饭店与组织客户交易关系的紧密程度、组织客户的合作意愿也会影响其购买行为和意愿,那些与饭店关系深厚并有着浓厚合作意愿的组织客户,更愿意采购大量的产品。

4.主要负责人信息

在组织客户的信息收集中,还需要注意收集其主要负责人信息,包括组织客户高层管理者对口跟进的人员信息。这些主要负责人的年龄、性格、兴趣等特征都会影响组织客户的购买行为。

三、客户信息的来源

当饭店明确自身需要掌握的客户信息之后,第二步就是利用各种渠道和方法,收集相关的客户资料与数据。在收集信息这一阶段,饭店首先需要弄清楚客户信息的来源。

对饭店而言,主要有两个途径可以收集客户信息,第一个途径是饭店内部资料,第二个途径是外部市场信息。

(一)饭店内部资料

1.系统数据

(1)前台系统:现今饭店常使用的前台系统包括 OPERA 系统、Foxhis 前台系统等,如希尔顿集团使用自主研发的 OnQ 系统,全面记录客人信息、喜好、消费行为,可同步全球的希尔顿饭店,客人下榻任何区域的希尔顿饭店,都能享受到同样细致及个性化的服务。

(2)客户关系管理系统:饭店的客户关系管理系统能整合客户、饭店及员工资源,优化企业流程,提高饭店、员工对客户的反馈速度和应变能力,并有效地提高饭店的销售收入。如 New Market International 公司研发的 Delphi 销售及宴会系统,被许多大型连锁饭店(如香格里拉饭店、喜达屋饭店集团)使用,能形成至关重要的组织客户数据库,全面跟踪客户的销售流程,提高饭店的销售收入。

2.与客户直接交谈或者调研

通过与客户的直接交谈或调研,了解客户的基本信息、行为、习惯等方面的资料。当饭店面对组织客户时,更需要主动与客户交流,以便于准确、详尽地掌握客户信息。这种与客户的直接交流主要体现在 3 个时段:客户关系建立前、建立中以及建立后。在客户关系建立前,饭店主要是通过与客户交流弄清客户的基本状况及其主要的需求信息;在客户关系建立过程中,饭店主要是进一步明确客户具体的需求信息以及需求信息是否发生变化;在客户关系建立之后,饭店通过与客户交流来知晓客户对关系的评价和态度,以便决定下一步的行动。许多饭店会针对其长期合作的客户在行政走廊举办小型的下午茶聚会,不仅是表达饭店对客户的谢意,更多的是借此机会与客人交流互动。也有些饭店会建立客户反馈体系,要求其大堂经理每周必须派发及收集客人意见表,以便保持与客人有效的沟通。

3.客户意见反馈表

饭店一般会针对饭店的各项产品及服务设计客户意见反馈表,并将其放置在客房的书桌上,让住店客人填写。

4.饭店内部数据档案

饭店本身的业务活动常常可以为做好客户调查工作提供大量有参考价值的资料。饭店内部会计系统可提供大量的资料,如可参阅企业客户名单、历年销售记录,也可从饭店销售人员提供的客户报告、客户往来函电(包括询购或索赔的信件)中获取大量有用的资料。

5.饭店官网及社交平台

互联网发展至今已经成为社会的基础设施,越来越多的客人通过饭店的官网、社交平台浏览和订购饭店的产品。当客户通过网站订购产品时,不可避免地要填写相关的信息,此时,饭店就可以获得这些客户的基本信息,并通过追踪其购买频率、内容了解其购买行为和偏好,掌握更多的客户资料,而且客户也会通过官网或社交平台对产品体验发表不同建议。

(二)外部市场信息

外部市场信息是指饭店通过查询购买等方式从其他机构或者组织那里获取所需要的客户信息。主要途径包括以下几种。

1.通过公开出版物获得客户信息

公开的出版物包括由区域或地方性的旅游部门、旅游或饭店协会或商会等发布的行业发展报告、统计年鉴、期刊、网络、报纸等。这些公开出版物上,经常会发布有关客户的年龄、行为偏好等方面的信息。

2.购买专业咨询公司的报告

有许多从事市场调查或者管理咨询业务的公司会定期收集特定客户的信息或者是对特定的行业进行分析。例如,AC 尼尔森公司是一家从事市场调研的专业公司,每年都会定期发布有关客户、市场方面的调研报告。

从饭店内部资料与外部市场信息收集而来的客户信息各有优劣。饭店内部资料能够让饭店尽可能地贴近客户,从自身的需求出发,更多地了解客户的需求,但是,成本相对较高;收集市场信息的方法虽然成本较低,但是由于信息来自其他的组织或者机构,很有可能饭店获得的数据并不完整或者不全面,不能完全满足需求。因此,在实践中,不少饭店会根据收集信息的特定目的和需求,结合两种不同的途径来获取相对全面的客户信息。

四、收集客户信息的方法

(一)人员访谈法

人员访谈法是指饭店直接与客户对话,通过与客户交流来了解客户的需求。人员访谈法首先要求企业选择访谈对象。对饭店而言,由于经常面对众多的客户,因此应从中挑选部分客户作为访谈的对象。

在实践中,对组织客户,很多饭店会定期与客户交流,了解客户需求等信息,也会组织人员挑选客户上门拜访,实地了解组织客户的企业规模、人员构成、消费需求,以及售后反馈等信息。

对个人客户,由于其数量众多,饭店只能从中选择一些客户进行访谈,这些访谈经常发生在客户在店期间,主要是了解客户对饭店产品或者品牌的态度。

(二)现场观察法

现场观察法是指饭店通过直接观察客户的行为,从中了解客户的需求。例如,餐厅的管理人员组织员工到竞争者的餐厅体验,从而获知竞争者的菜品价格、菜品质量,也可从中观察其客户来源、哪个菜品较受欢迎等信息。现场观察法通常可获知一些人们不肯提供的信息,且客户调查人员无须与任何个人接洽,唯一要做的工作就是细心观察现场情况,并根据调查表格的项目做好详细记录。但是这种方法也有一定弊端,例如现场观察时客人点的不多的菜品就会被片面地认为不受欢迎,又如影响客户消费行为的外部因素(如广告等)会被忽略掉。由于这些弊端,饭店管理者们通常会以调查问卷法取代现场观察法。

(三)调查问卷法

饭店可以通过设计结构化或者开放式的问卷来了解客户的信息。调查问卷包括邮寄问卷、网上调研、电子邮件、电话调研、短信等多种方式。

(1)邮寄问卷调研。在过去的调查问卷中,邮寄是经常被采用的一种方式。其优点是可以向众多的客户发放问卷,同时在问卷中可以涉及多方面的问题,能够全面了解客户的信息。其缺点是难以保证问卷的回收率。

(2)网上调研。随着网络的兴起,网上调研也成为许多企业采用的一种方式。现在有许多专业从事问卷调研的网站。网上调研的优势在于费用低廉,只需将问卷公布在网上,无须印刷问卷。另外,调研获得的数据可以直接导入数据库中,节省了数据录入这一环节。网上调研的缺点在于:首先,和邮寄问卷一样,难以保证高的回收率;其次,难以保证覆盖到饭店真正关心的客户,很多时候,企业所关心的客户并不一定会上网;最后,难以保证问卷调研所获数据的真实性。

(3)电子邮件调研。电子邮件调研也是饭店常用的一种方式,主要是通过向目标客户发送附带问卷的电子邮件来收集客户信息。与网上调研一样,电子邮件的方式成本低廉,而且速度很快,并且饭店可以事先选择发送电子邮件的对象,确保问卷调研的针对性。同样,电子邮件调研也无法保证问卷的回收率。

(4)电话调研。电话调研是饭店人员通过直接打电话来了解客户信息的一种方式。电话调研的优势在于能够及时回收客户信息,并且能针对客户的回答进行更为深入的访谈;相比邮寄问卷、网上调研等方式,电话调研的回收率较高。但是统计数据表明,大概有1/3的被调研者拒绝回答。此外,与邮寄问卷、网上调研、电子邮件调研等方式相比,电话调研的内容要简单很多,因为许多被调研客户不太愿意长时间接听电话。

(5)短信调研。短信调研是随着手机的普及而兴起的一种调研方式。它通过直接向企业选定的客户群体发送短信的方式来了解客户的信息和态度。例如,国家大剧院就利用短信的方式,向在国家大剧院网站注册的会员发送短信,询问会员对于歌剧、话剧、音乐剧、京剧更喜欢哪一种。与电话调研类似,短信调研也只限于少数几个问题,否则客户就会拒绝回答。

除了上述几种方法之外,饭店还可以利用其他途径来收集客户信息。例如,通过客户的投诉和抱怨来获得信息,通过组织客户俱乐部的形式来了解客户需求等。

五、建立客户档案

(一)客户档案的主要形式

在建立客户档案的过程中,首先需要确定采取何种形式。目前,国内外企业所选用的客户档案主要有3种形式:客户名册、客户资料卡和客户数据库。这些客户档案各有其特点,建档要求、适用条件和作用各不相同。

1.客户名册

客户名册是有关饭店客户情况的综合记录。客户名册一般由以下两部分组成:一是客户信息表;二是客户一览表。客户信息表是用来记录、保存所收集到的客户信息的表格文档。饭店在设计客户信息表时,应根据企业自己的需求及客户的类型有针对性地设计。

客户信息在收集的过程中来源渠道很多,收集到的信息也多种多样,而且这些信息一般是不完整、非即期的,同时由于信息提供人员在提供信息时出于各种目的而存在夸大欺骗的可能,因此,企业在正式填写客户信息表之前,需要先对收集到的客户信息进行核实、评价。核实客户信息主要是通过实地调查来进行,但在实际工作中,除了实地调查核实方式外,还可以通过电话核实及利用公开信息核实两种方式,既可以降低成本,又能获得较准确的核实效果。

2.客户资料卡

使用客户资料卡也是建立客户档案的一种简便易行的方法。目前,许多企业已经开始重视建立和实施客户资料卡制度,并采用不同类型的客户资料卡,以便相互配合使用。

(1)潜在客户调查卡:潜在客户调查卡是用于潜在客户调查的资料卡,其内容主要是个人客户和组织客户的基础性资料,重点是了解客户需求特征、可能的购买时间、地点和方式等。潜在客户调查卡以不同方式邀请潜在客户填写,潜在客户调查卡主要用于潜在客户的开发,制订新产品策略、促销策略等,但其内容往往需要第二手资料的补充。

(2)现有客户卡:现有客户卡用于对正在进行交易的客户的管理。一旦与某位客户开始进行第一笔交易,就需要建立现有客户卡。这类卡片可以由潜在客户调查卡发展而来。

(3)客户数据库:客户数据库是在大型企业中使用的客户档案形式。下面会就客户数据库的建立专门介绍。

(二)客户档案的主要内容

普通客户档案、VIP客户档案以及组织客户档案的内容可以有所不同。普通客户档案主要包含客户的基本信息,如姓名、性别、电话、单位、地址、职务、公司性质以及联系登记、消费记录等。VIP客户档案不仅包括客户的基本信息,还包括客户的教育背景、家庭背景、业务背景以及客户兴趣、客户特点等。通常,VIP客户档案的内容可以设计得更详细一些,以便为VIP客户提供更为周到的个性化服务。

六、建立客户数据库

运用现代计算机技术发展成果建立客户数据库,在客户信息存储内容、规模和咨询使用等方面都是客户名册、客户资料卡所不能比拟的。客户数据库是将现有的、可接近的、可接触的每一位客户或潜在客户的众多信息以组织化的方式收集、汇总成一个系统,以实现一些营销目的,如产生客户信息、挑选客户信息、执行产品和服务的销售、维系客户关系等。

首先,客户数据库使建立大规模客户档案成为可能。过去很多企业是针对中间商等客户建立客户档案,因为这类客户的数量总是有限的,而要建立成千上万的个人消费者档案几乎是不可思议的。由于计算机存储信息的高密度性,客户数据库已将不可能变为现实。同时,电子档案信息易于更改、复制、调阅和传输,也使客户档案管理发生了根本性的变化。通过数据库,企业可以随时了解客户变动情况,不断获取新信息,进行原有资料的充实、调整,动态地反映客户实际情况,大大提高了查阅和使用信息的效率和方便性。

更为重要的是,客户数据库还带来了营销方式的变化。企业可以通过客户数据库发送营销信息,直接影响客户及收集客户反馈,调整营销策略,提供针对不同客户的特定服务,这就是数据库营销。数据库营销就是建立、维系与使用客户数据库与其他数据库(产品供应商、零售商数据库)的过程,以达到联系、处理与建立客户关系的目的。

当然,建立客户数据库难度也比较大。数据库必须使用客户关系管理系统,并且能给品牌管理、产品生产和客户服务等各部门提供信息支持,一般应以发展完备的客户卡作为基础,并且有客户档案管理的科学分类方法和经验等。此外,与前两种方式相比,建立客户数据库要求更多的投资,用于配置计算机硬件、进行软件设计及支付管理人员费用等。

阅读材料

西安唐城宾馆是如何建立客户档案的?

西安唐城宾馆是陕西旅游饭店管理公司下属的一家四星级品牌酒店,有一套完善的客户档案建设制度和系统。

1.及时、准确、细致、全面地对客史基础信息进行录入

宾馆服务中心每日对预订到店的散客及 VIP 客人的信息进行预先查询和掌握,并提前对客人的个性化需求进行组织落实和检查。将潜在目标客户的预订情况提前发布在办公网上,由各部门共同关注并配合收集该客人的个性化需求情况,尽可能使散客客户档案的收集范围更为明确,内容更为充实。前台部、客房部、销售部、中西餐部、保卫部、计财部作为客户档案收集工作的辅助部门,在对客服务中,通过各岗位员工的对客交流和细心观察,悉心捕捉客人的个性化信息,及时予以满足。每日将此类信息记录在"客户档案信息表"上,及时传递给宾馆服务中心。服务中心负责每日将各部门报送的客史信息进行录入、归档,录入内容包括该客人的性格、喜好、反馈的意见和建议、表扬、投诉、客人在酒店发生的特殊事件、遗留物品情况等,并确保同一客人的客史信息保存位置集中、不分散,便于查询;根据各部门报送的客史信息,及时对客户档案的内容进行更新、补充和完善。

2.及时更新客史信息,维护、跟进重点客户

目前,宾馆客户分级工作原则上每季度进行一次,采取统计筛选的动态管理形式,宾馆服务中心在每季度末对散客客户档案按照 A、B、C 三个等级进行归类整理,对纳入等级范围内的客户做重点维护和跟进。对等级划分标准和维护制度每年初进行一次修改。

3.培养员工"档案"意识,完善客户维护制度

(1)在日常管理、培训中不断向员工灌输"以客户为中心"的经营理念,宣传客史档案的重要性,培养员工的档案意识,形成人人关注、人人参与收集客户信息的良好氛围。客户档案建立和维护情况作为评选星级服务员、星级资深服务员及先进集体的重要依据之一,同时提出了量化指标。

(2)不断完善宾馆客户维护制度。宾馆服务中心根据服务类别,将散客分为 A 级、B 级和 C 级三类,进行有针对性的维护和跟进工作,根据建档客户在店的消费累计采取相应的奖励措施,稳定、鼓励客户。除此之外,服务中心还改进了制度,在提高员工责任心的同时,将各级客户的维护工作落实到人。

4.客户反馈处理

(1)保持畅通的客户反馈渠道。宾馆除了在每间房内放置"宾客评论表",方便客人填写之外,每日还坚持采取在店服务跟踪、服务后的意见征询、离店后的电话回访以及销售部的登门拜访等措施,各岗位服务员积极主动地进行意见征询、留言提示、多角度观察宾客的消费行为,在现场第一时间发现宾客反馈问题并及时沟通,采取相应的措施解决问题,在客人离店之前给予满意答复;同时对出现的问题总结经验,编写案例,教育员工吸取教训,避免同类事件再次发生。

(2)宾馆服务中心负责每月对收集到的宾客信息进行整理归类,对设施、设备和服务调整等涉及面较广的内容,由宾馆精细化领导小组负责组织分析、调研和综合论证,最后就设备的更新添置、服务内容或方式改进等事宜向宾馆提交可行性建议及分析报告,最终由宾馆对问题的解决方式做出决定。与此同时,及时让客户知晓宾馆的改进计划,对提出有价值意见的宾客赠送小礼品以示感谢,以此保持长期稳定的客户关系。

第三节　重点客户的管理

一、重点客户的分类

重点客户第一是指客户的规模大,包括公司合同的分销商、经销商、批发商和代理商;第二是指客户的价值大;第三是指客户的影响力大。重点客户的营销战略成功直接决定着饭店整体营销战略的成功,也决定着饭店营销战略的长期性和稳定性。

为了进一步做好对重点客户的管理,饭店的重点客户还可以细分为以下几种类型。

(一)经济型大客户

经济型大客户的产品使用量多,使用频率高,购买量大。他们为饭店提供了源源不断的客源。以旅行社为例,他们最关注的是客房和早餐,只要客房干净舒适,早餐适合客人的口味,有很方便的停车场,他们就愿意长期合作。

(二)重要型大客户

重要型大客户拥有特殊地位,也受到人们的广泛关注,当他们成为客户时,一定要为他们提供优质服务。面对重要型大客户时,一定要按照接待单位的要求办理,把他们视作贵宾中的贵宾。

(三)集团型大客户

集团型大客户通常是上市公司、大型国企、垄断行业企业,他们有许许多多的分公司、子公司,甚至是孙子公司,每一年都有很多活动需要办理,有很多产品需要展示,常常一个集团就可以开一个大型展示会。他们不会像经济型大客户那样能提供源源不断的客源,也没有重要型大客户那样有大的影响力,但是他们每办一次活动都能给饭店带来丰厚的利润。

(四)战略型大客户

经市场调查预测、分析,战略型大客户具有发展潜力,是会成为竞争对手的突破对象的客户。这类客户通常是刚刚在当地落脚的大型投资商。他们刚到一个地方,为了显示其公司的实力,通常会在当地选择最好的饭店作为他们的临时居所。一旦项目建设成功,他们可能再也不会停留在饭店,说不定还要从饭店挖走比较成熟的员工,甚至是经理级人员。

二、重点客户的管理

(一)高度重视重点客户

重点客户多为职业投资者,如大型国企或上市公司。他们每年的接待量很大,而且费用往往是由接待单位支付。这些重点客户的主要负责人经常会在饭店出现,饭店的客户经理和前厅的工作人员一定要有极高的敏感度,随时发现、随时报告给饭店的高层领导,在最短的时间内到达接待地点。重点客户并不需要饭店做出重大的付出，只要在他们接待客户的时候，饭店总经理能够及时出现在他的面前并及时给予必要的关照，他们就会觉得很有面子。也正是由于重点客户群体自身条件的优越，因而很容易成为竞争对手必争的目标。面对市场上越来越多的高端饭店的出现，诱惑是避免不了的，重点客户也会很容易被外界因素影响，被其他饭店拉走的可能性也较大。因此，从这个意义上说，重点客户的忠诚度是最低的。巩固这层客户关系的服务工作最关键也最辛苦。要想长期留住该类群体，仅依靠物质手段是远远不够的，必须从思想上、情感上甚至文化上使他们获得价值认同感，这样才能真正留住他们，提高他们的忠诚度。

(二)制订重点客户管理策略

重点客户(客户价值中的前 20％者)管理策略包括以下几方面。

(1)为该类客户建立专门档案。

(2)指派专门的销售人员负责销售业务，提供消费折扣。

(3)派人定期走访客户。

(4)了解其需求动态以及对饭店的意见和建议。

(5)采取直接销售的渠道方式。

(6)不定期地组织一些活动，联络与客户的感情。

(7)不断改进饭店的服务和管理工作，解决客户的个性化需求。

第四节　饭店客户关系管理的实施

一、饭店应用客户关系管理存在的问题

(一)饭店应用客户关系管理存在的企业文化问题

客户关系管理的实施是以诚信为基础的，因为与客户的关系是建立在一系列相互信任的基础之上的。在过去，违约现象和冒牌、劣质产品经常出现，与没有诚信的客户之间建立起长期的合作关系是非常困难的。另外，固有的企业文化和企业的潜规则对客户关系管理的有效实施具有不可忽视的抵制作用。每个企业都有其固定的客户价值方针和企业文化，每个企业都有其特殊的人际关系处理方式，当受到外来思想的冲击时，特别是外来思想和固有的思维模式相违背时，人们便不可避免地会对外来思想有抵触。而客户关系管理是客户与企业之间的交流沟通，客户与企业有各自不同的观点和想法，所以势必有利益的冲突。变革行动缓慢、思想保守也是企业文化的问题之一。

(二)饭店应用客户关系管理存在的制度问题

饭店最重要的资源是人力资源，只有充分调动员工的积极性，发挥他们的创造性和能动性，饭店才可能获得持续的成功。客户关系管理给饭店带来了许多根本性的变革，它不

同于传统的管理模式,业务流程的重组、企业文化的改变、以客户为中心的理念等,最终都需要企业员工去接受和实施,如果原有的绩效考核制度或相应的管理制度没有做任何改变,想取得成功就是不可能的。客户关系管理实施后,对客户的服务方式发生的根本改变,从顾客第一次同饭店联系到购买服务,从提供售后服务到关系的维护,整个流程都需要员工的通力协作,提供给顾客统一的认识和态度。这在一定程度上对部分员工的工作随机性、动态性有适当的剥夺,因为客户关系管理的采用在一定程度上改变了员工的工作模式。如果处理不当,很可能造成员工的抵触情绪,最严重的情况下,他们干脆把手头的客户带到竞争对手中去。所以,怎样在制度层面、文化层面、物质奖励层面做好统筹规划,将是饭店行业成功实施客户关系管理的一个重要问题。

(三)饭店应用客户关系管理存在的知识管理问题

在我国饭店管理中,知识的重要性尚未得到很好的认识,对知识的概念和划分也缺乏足够的理论支持,同时,员工对知识的创造、传播、共享和利用的工具或方法更是没有深刻地掌握。信息技术尚未充分发挥其潜在的商业价值,信息技术仅被作为一种工具,而没有被作为一种战略资源。如果在饭店内部,各种观点极少公开、无法共享,员工很少对各种观点进行分析、讨论,并最终使之内化,则不利于饭店的发展。

(四)饭店应用客户关系管理存在的组织变革问题

客户交互流程的重组和技术的应用最终要靠人员来实施,所以组织的变革是客户关系管理实施成功的关键之一。我国饭店业原有的以产品为中心的组织,是由不同的部门〔如销售部、市场部、财务部、采购部、生产部、信息技术(IT)部门、人事部等〕组成的。所有的人都在这些专业化职能部门工作,且只在这些部门得到升迁,他们一般只对自己的部门负责。每个部门只负责整体工作的一部分,如销售部门的员工不知道市场部门和服务部门的员工是否同客户打过交道,对他们的服务水平和客户的满意度也没有一个全面的了解。

(五)高级管理人才欠缺的问题

高级管理人才的欠缺使客户关系管理不能很好地实施。客户关系管理是建立在良好的人际关系基础上的,协调处理好各种关系不仅需要丰富的工业和产品知识,同时也需要具有优秀的人际关系处理能力。客户经理不仅要了解客户的行业、公司信息、客户目标和当前与未来的需要,而且要能够与内部的产品服务专家共同合作,协商制定出能够满足客户特殊要求的特定解决方案。传达专业的信息和产品建议也需要敬业的专职专家。饭店业的人力资源市场缺少这些高级管理人才。

(六)客户关系管理的理论研究与实践尚未相辅相成的问题

现在国内的客户关系管理行业越来越趋向于理性化,尤其表现在企业用户上。准备部署客户关系管理的企业更多地在前期进行内部动员和培训、咨询等,当客户关系管理理念与流程在企业内能够铺开时才去考虑部署客户关系管理系统,而且企业也更加重视客户关系管理供应商的成功案例和行业经验。企业用户不需要空洞理念的时候,客户关系管理研究者却不能深入地讲清如何结合企业的实际业务流程来实现客户关系管理。而且,在企业用户越来越重视客户关系管理,并且不仅仅把它视为一套系统,而更多的是企业的客户关系管理战略和流程的时候,客户关系管理研究者却还在以一种产品的方式去提供客户关系管理服务。于是,在这个市场上出现了很多情况,如虽然客户关系管理研究者在向企业用户灌输客户关系管理的理念,但是他们自己却未必以此进行运营指导。

二、饭店应用客户关系管理问题应采取的对策

(一)以顾客为中心的企业文化的重塑和变革

以顾客为中心,以及由此而衍生的重视顾客利益、关注顾客的个性需求、面向感情消费的经营思路等企业文化特征,是经改造后适应新经济时代要求的新型企业文化的重要特征。企业文化的改造是一个系统工程,不可能凭借一招一式,一蹴而就,饭店可以从以下几个主要方面入手,系统地改造原有企业文化。

(1)定义企业经营理念时,要从顾客利益出发。饭店经营理念必须紧密结合市场需求,当市场需求发生改变时,饭店经营理念应随之变革,由于“以顾客为中心”的商业模式迅速来临,对许多饭店而言,渐进式的改革已不足以适应市场需要,而需要的是对饭店的经营理念进行革命式再造,根本改变饭店体制,构思一个“从顾客利益出发”的饭店企业文化体系。

(2)进行培训,使员工接受“以顾客为中心”的企业文化。培训是促使文化塑造与变革的一个重要策略,在文化变革的实施计划安排就绪后,就要督促员工参与培训学习,让全体员工接受培训。通过专门培训,使员工知道什么是“以顾客为中心”的企业文化,“以顾客为中心”的企业文化有什么作用,饭店为何及如何实施文化塑造与变革,“以顾客为中心”的企业文化对员工有什么新的要求,认识饭店现有文化状态与“以顾客为中心”的差距……还可以利用各种舆论工具(如广播、闭路电视、标语、板报等)大力宣传饭店的价值观,使员工时刻都处于充满企业价值观的氛围中,通过耳濡目染来使其渐入员工心中。

(3)领导者身体力行,恪守“以顾客为中心”的理念。饭店领导者的模范行动是一种无声的号召,对下属成员起着重要的示范作用。因此,要塑造和维护饭店的共同理念,领导者本身就应是这种理念的化身。他们必须通过自己的行动向全体员工灌输饭店的理念。首先,领导者要坚定信念。其次,领导者要在每一项工作中体现这种理念。再次,领导者要注意与下属员工的感情沟通,重视感情的凝聚,以平等和真诚友好的态度对待下属员工,就会取得他们的信任。感情上的默契会使领导者准确地预见周围世界对自身行动的反应,形成一种安全感;对下属来说,则会产生“士为知己者用”的效用。

(二)"以顾客为中心"的制度变革观念再造

只有制度创新了,观念才能转变。光靠教育和培训,是无法真正实现观念再造的。它需要严酷的事实和严格有效的制度。观念问题虽然有个人素质因素,但实质上是体制问题。有什么样的体制,就培养有什么样观念的人。观念决定行动,行动决定命运,而好的机制则来自制度创新。在"以产品为中心"的模式中,考核销售人员的指标是销售额、获取的新顾客数等,而在应用客户关系管理以后,"以客户为中心"的模式中,根据"80/20"理论,工作的重点不只是开发新客户,而更要保持老客户,提高每个现有客户的购买量。而饭店行业在实施客户关系管理后,仅仅对销售额或者获取新顾客数考核就显得不够了,对客户满意度、客户保持率、客户回访率将是考核的重点。同时,为了在制度上保证员工思想观念的转变,必须对原有的绩效考核做一个适当的转变。

(三)"以顾客为中心"客户关系管理中的知识管理

客户关系管理的应用把原来分布在销售、市场、财务、客户服务和技术支持等部门的信息全部整合起来,信息资源共享,避免了和客户的重复沟通,节省了客户和公司员工的时间,使得服务单个客户的成本降低。客户关系管理在本质上是知识的管理,只有充分了解这些信息,并转化为组织自身的知识,成为组织行动和决策的依据,信息技术才能发挥它应有的商业价值。但是,它改变了企业原有的知识管理模式,组织的知识随组织的历史而成长,而不是建立在某个领导和某些优秀员工的知识基础上。每个人都在为组织的知识增长做贡献,同时也在享受着组织知识给予的培训和教育,在很大程度上提高自己的效率。与此同时,一些认为其个人的经验和知识具有独占优势的员工会阻挠,在他们看来,这是他们的工作隐私,这些知识和经验是他们自己在工作过程中慢慢获得与领会的,并没有得到其他员工、组织领导或者历史知识的帮助。怎样打破这个不利的"平衡",成为组织领导阶层的任务之一。信息所有权和使用权不再结合在一起,这就是最重要的变革之一——从上而下的整个组织的变革。

(四)建立"以顾客为中心"的经营组织

客户关系管理演进要求以客户为中心导向,要求不仅对流程进行变革,同时也要对原有的市场营销组织结构加以转变。现有的组织结构对公司向客户传递价值的潜力形成阻碍,因此必须建立以客户为中心的工作协同项目团队。同时,权力和责任必须得到很好的界定与划分。客户关系管理组织的基本结构应当围绕关键的沟通流程来形成,从客户了解、建立关系到互动沟通等。为了辨别正确的客户,提供正确的产品和服务,并通过适当的渠道在正确的时间安排与客户进行互动和沟通,人们必须采取一致的步调,并且激活技能去完成所需要的活动和任务。所以它需要全新的组织,客户关系管理营销、主管客户关系管理、营销分析师、客户关系管理活动经理、客户关系管理细分经理,以及渠道经理等职位,对实施客户关系管理来说可能是必要的。

（五）客户关系管理的理论研究和实践需要相结合

实现客户保留是现阶段客户理论研究和应用的重点，由于客户关系管理系统在市场营销方面的功能普遍较弱，很少能够为实现客户保留提供有力的决策支持，这可能是影响用户接受客户关系管理的一个致命因素。国内有些开发商通过将多维分析数据挖掘技术实现成系统组件，对客户交易信息进行分析和挖掘，有效地提升了客户关系管理分析决策的能力，这是广大客户关系管理开发商应该借鉴的。理论研究者须更加深入研究饭店的实际情况，并结合饭店的行业特点，而不是把银行业的规律和经验生硬地移植到饭店管理中。

三、饭店如何实施客户管理

客户关系管理系统主要包括：营销管理、销售管理、客户关系管理、呼叫中心、知识管理、服务和支持管理、商业智能等模块。适用于饭店行业特色的客户关系管理系统，是以其中的客户关系管理模块为中心，上游涉及饭店前台（销售）管理，下游涉及呼叫中心与服务和支持管理的一个实用性系统。饭店要成功地实施客户管理，应遵循以下具体的实施办法和关键环节。

（一）贯彻"客户是饭店战略性资产"的理念

贯彻"客户是饭店战略性资产"的理念，所有饭店员工要树立这样的理念，在行动上执行这样的理念。具体来讲，饭店应实现以下四个转变，即：从注重一次性交易转变为注重与客户保持长期的关系；从以提供优质服务为核心转变为高度重视客户的利益为核心；把服务质量是前台服务部门的责任转变为饭店所有部门和员工的职责；把以客房餐饮、会议室等部门各自开展的单体营销形式转变为由饭店统一管理的整体营销机制。同时，也要意识到，"以客户为中心"的全面转化是一个长期过程，要从实处着手，全员参与，贯彻始终，否则，实施客户关系管理无疑是句空话。

（二）整合客户资源，建立完整的客户信息数据库

对饭店前台电脑系统、餐饮部、会议招待部、营销部等各部门存储的信息进行整合，着手建立客户信息数据库。在系统设计时，要充分考虑到客人入住登记或各部门消费记录登记时客户信息是否详尽，不足部分要由专人补充，录入客户关系管理系统。同时，对客户信息加以分析，把重点放在对饭店贡献最大的20%客户上。根据客户在饭店的消费金额，用"客户金字塔"法来分类，把客户群分为VIP客户、主要客户、常客、普通客户四种。分析和掌握了客户层级的分布后，尽可能将所有客户的资源整合在这个数据库中，对消费金额最多的20%客户，建立更为完整的客户档案，其目的是使饭店能分析和掌握目标市场客源的基本情况，掌握客户的个性化需求，为提供"一对一营销"的个性化服务打下基础。今后，饭店的营销部门即可认真规划，根据客户不同的价值和特性，制定相应的关怀和优惠措施。此外，还要注意到客户系统中新的联络信息的不断更新，以形成完整、准确的记录。

（三）建立饭店的客户服务中心，并规范职能

建立客户服务中心，由训练有素的专业人员与客户进行互动交流，是实施客户关系管理的

机构保证。该机构应具备以下职能:收集、处理、分析客户信息,并向相关部门提供客户信息的职能;协助饭店管理层进行有关客户信息的管理分析并支持决策;执行饭店管理层有关客户关系管理的措施。呼叫中心也是客户服务中心职能的一部分,被称为饭店客户关系管理的外风景线,通过"800"免费电话和呼叫中心的结合,呼叫中心可以为饭店顾客和潜在顾客提供入住前的信息咨询、饭店推介、预订、订单确认和取消、顾客特别需要、行程安排等服务,以及入住后的服务质量跟踪、满意度评估、投诉处理、失物追寻、改进建议、会员促销奖励等服务;并通过信函、电子邮件、电话、传真等工具与相关的客户进行"一对一"的联系沟通。客户服务中心职员必要时还要上门与客户进行面对面的沟通联系,总之,目的是留住老客户和开发新客户。

(四)将原有系统升级为客户关系管理系统或购置现成的软件系统

一般要在已有的饭店管理系统基础上建立网络化的客户关系管理系统,或者有一定 IT 技术基础的饭店自行购置,并安装现成的软件系统。如果现成软件的有些功能不适合饭店自身,必须进行二次开发。一个优秀的饭店客户关系管理解决方案必须包括功能齐全、管理模式先进、运行稳定的软件系统,以及对软件运行效率起决定性作用的服务器平台。在系统筹备期间就聘请专业咨询公司进行管理和技术咨询是有必要的。如果选择购置软件系统,则要求开发商提供数据接口,使购置的软件系统与原有的饭店网络系统建立无缝连接,否则,大量的客户资料还需手工输入,会使效率大为下降。

(五)开展电子商务的同时收集客户信息

业界人士认为,饭店从事电子商务是最有发言权的,也是最有可能成功的。目前,不少饭店通过网络订房公司、旅行社或异地的饭店进行销售,但彼此间的业务往来多是采用电话、传真等传统的方式,繁杂重复的工作很多,建立客户档案更是困难。通过和传统的饭店管理系统结合,再辅以网上支付手段可实现实时确认,给网络订房以革命性的变革,逐步实现 B2B、B2C 的电子商务活动。这样,客户关系管理中心人员就可以在完成预订业务的同时,通过饭店内部网系统把客户信息转入客户关系管理数据库,在本饭店网站预订的客户信息也可同样处理。饭店客户关系管理与电子商务有机结合,相辅相成,互为作用,并与客户建立和保持一种长期、良好的合作关系,才能发挥更大的应用效果。

(六)立足管理创新,搞好人员培训

我国饭店业普遍存在着专业化经营、个性化服务跟不上时代要求这一问题,客户关系管理的采用不仅可以克服这一不利条件,还能提升服务档次和管理效率,降低经营成本。饭店实施客户关系管理,一定要立足于饭店内部管理的改进、提高和创新,全面提高饭店的管理水平。另外,不容忽视的是,我国饭店从业人员的素质还没有为客户关系管理系统的运用提供一个良好基础。不少饭店高层领导没有重视和参与信息系统的建设工作;中层管理者受到系统运用的影响最大,也很容易形成系统顺利运用中的阻力;技术人员不熟悉饭店业务,电脑房不能独立发挥其应有职能,这都给客户关系管理系统的实施和有效应用造成困难。饭店应用客户关系管理,管理者必须要对员工进行培训,转变观念,提高素质。

阅读材料

泰国文华东方饭店赢得顾客满意

一位朋友因公务经常出差泰国,并下榻在东方饭店,第一次入住时良好的饭店环境和服务就给他留下了深刻的印象。当他第二次入住时,几个细节更使他对饭店的好感迅速升级。

那天早上,在他走出房门准备去餐厅时,楼层服务生恭敬地问道:"于先生是要用早餐吗?"于先生很奇怪,反问:"你怎么知道我姓于?"服务生说:"我们饭店规定,晚上要背熟所有客人的姓名。"这令于先生大吃一惊,因为他频繁往返于世界各地,入住过无数高级酒店,但这种情况还是第一次碰到。于先生高兴地乘电梯下到餐厅所在的楼层,刚刚走出电梯门,餐厅的服务生说:"于先生,里边请。"于先生更加疑惑,因为服务生并没有看到他的房卡,就问:"你知道我姓于?"服务生答:"上面刚刚打电话下来,说您已经下楼了。"如此高的效率让于先生再次大吃一惊。

于先生刚进餐厅,服务小姐微笑着说:"于先生还要坐老位置吗?"于先生的惊讶再次升级,心想:"尽管我不是第一次在这里吃饭,但最近的一次也有一年多了,难道这里的服务小姐的记忆力那么好?"看到于先生惊讶的目光,服务小姐主动解释说:"我刚刚查过电脑记录资料,您在去年的8月8日在靠近第二个窗口的位子用过早餐。"于先生听后兴奋地说:"老位子,老位子!"小姐接着问:"老菜单,一个三明治,一杯咖啡,一只鸡蛋?"现在于先生已经不再惊讶了,"老菜单,就要老菜单!"于先生已经兴奋到了极点。

上餐时餐厅赠送了于先生一碟小菜,由于这种小菜于先生是第一次看到,就问道:"这是什么?"服务生后退两步说:"这是我们特有的某某小菜。"服务生为什么要先后退两步呢?他是怕自己说话时口水不小心落在客人的食品上。这种细致的服务不要说在一般的酒店,就是在美国最好的饭店里于先生都没有见过,这一次早餐给于先生留下了终生难忘的印象。

后来,由于业务调整,于先生有三年的时间没有再去泰国。在于先生生日的时候,突然收到一封东方饭店发来的生日贺卡,里面还附了一封短信,内容是:"亲爱的于先生,您已经有三年没有来过我们这里了,我们全体人员都非常想念您,希望能再次见到您。今天是您的生日,祝您生日愉快。"于先生当时激动得热泪盈眶,发誓如果再去泰国,绝对不会到任何其他的饭店,一定要住在文华东方饭店,而且要说服所有的朋友也像他一样选择。于先生看了一下信封,上面贴着一枚六元的邮票。

六元钱就这样俘获了一颗心,这就是客户关系管理的魔力。由于东方饭店非常重视培养忠实的客户,并且建立了一套完善的客户关系管理体系,使客户入住后可以得到无微不至的人性化服务。迄今为止,世界各国的20多万人曾经入住过那里,用他们的话说,只要每天有1/10的老顾客光顾饭店,饭店就会永远客满,这就是东方饭店的成功秘诀。

复习与思考

一、重点概念

客户关系管理　客户信息　管理目标　客户信息收集　客户档案　客户数据库

重点客户　实施客户管理　应用客户关系管理

二、思考讨论题

1. 饭店客户管理的主要内容是什么?

2. 客户信息的分类以及客户信息收集的方法有哪些?

3. 饭店如何做好对大客户的管理?

4. 饭店应用客户关系管理时面临问题,应采取的对策有哪些?

三、实践题

如何做好康养型饭店客户的服务

位于国内某著名风景区的某干部疗养院,曾经接待过众多国家和省市领导人,在新的历史条件下,饭店需要转型发展成健康养生型度假饭店。饭店总经理面临的问题是饭店在新的时代背景下,应如何开发这一市场,以做好康养型客户的服务和管理工作。

要求:请给出开拓这一市场,做好康养型客户服务和管理的思路。

第五章 饭店营销组合策略

本章以介绍饭店营销组合策略开篇,在此基础上,引入饭店经营的"4P"经典营销理论,介绍饭店的产品营销策略、价格营销策略、渠道营销策略以及促销营销策略。

思政目标

★培养学生抓住事物本质特征,把握内在规律的能力
★有助于学生把握饭店市场发展趋势,帮助学生树立可持续发展理念

学习目的

◆掌握饭店营销组合的基本概念、特点和内涵
◆熟悉饭店产品及其特征、饭店产品生命周期
◆理解影响饭店产品定价的因素

案例导入

香格里拉酒店的营销理念

香格里拉酒店集团是亚洲酒店业的龙头、世界酒店业的后起之秀,其骄人业绩的获得与其自始至终坚持的营销理念息息相关。香格里拉酒店集团创始于20世纪70年代,自1972年首家酒店在新加坡正式归属郭氏集团以来,其经营范围覆盖东南亚、东亚及北美地区,尤其令人称颂的是在每年评选的世界十大酒店排行榜上,每次都有多家香格里拉酒店入围。

在香格里拉酒店的经营哲学中,顾客为尊、员工利益为重及领导行业潮流是其重要组成部分。为了使其经营理念融入经营体系中,酒店集团开展了系列化的培训活动和服务体系的完善活动(包括超值服务、殷勤好客亚洲情及金环计划等)。配合这些理念,酒店又针对住店客人的需求,进一步推出了"服务中心"的概念,将原来的分散服务变为高效便捷和对顾客亲切化的集中服务;同时,推出了许多针对回头客的常客优惠计划,包括给予常客价格优惠、客房升级优惠、免费机场接送、免费洗衣等服务。

在香格里拉酒店的营销理念中,保持与顾客的联系、建立长期稳固的业务关系是其最根本的理念。香格里拉酒店集团认为,当顾客的合理需求与酒店现行的服务程序和政策发生矛盾

时,酒店应该以顾客的需求满足为原则;当满足顾客的需求将给酒店带来一定的经济损失时,酒店员工应该考虑的不仅是顾客此次能为酒店创造的利益,更重要的在于赢得顾客的忠诚,带来顾客的终身价值。

第一节　饭店营销组合

一、营销组合概念

营销组合,是指饭店为取得最佳经济效益,对饭店的产品(product)、价格(price)、营销渠道(place)、促销方式(promotion),也就是通常所说的"4P"这四个因素进行组合,使其相互配合,发挥综合性作用的整体营销策略。

二、营销组合的特点

营销组合具有可控性、动态性、复杂性的特点。

饭店市场营销组合的可控性,是指上述市场营销组合因素是饭店可以控制的因素。这就是说,饭店可以根据市场细分、市场竞争状况以及消费者的需求和欲望,确定自己的产品结构,决定和选择营销渠道、销售价格、促销手段等。然而,除了可控因素之外,饭店的营销活动还受市场环境,即社会、人口、经济、政治、法律、思想、文化、竞争条件等不可控因素的影响。

饭店市场营销组合的动态性,是指市场营销组合不是固定不变的静态组合,而是变化多端的动态组合。营销组合中的每一个因素中又包含着许多因素,因此,在饭店根据内、外环境进行营销组合时,只要其中某一个因素发生变化,就会出现一个新的组合。

饭店市场营销组合的复杂性,是指市场营销组合中诸多的次组合形成了复杂性。如前所述,市场营销组合是四个因素的大组合,而每个因素又包括许多因素,形成每一个因素的次组合。例如,促销是饭店市场营销的一个因素,但促销因素本身又可形成组合力量,因为促销包括广告宣传、人员推销、营业推广、公共关系等次组合的因素,而且这种次组合的因素还可再细分组合,如在广告宣传这个组合因素中,仅手段就包括报纸、杂志、广播和电视等媒体,因此,饭店在整体运用营销手段时,不但要综合运用四个因素,而且要注意运用各个因素自身的组合力量。

营销组合的作用不容忽视,它既是制定饭店市场营销战略的重要基础,又是应付竞争的有力手段,也是协调工作的关键纽带。对饭店而言,营销组合策略就是产品策略、价格策略、营销渠道策略和促销方式策略的有机组合与搭配。

📖 阅读材料

营销中的"4V"理论

进入20世纪80年代之后,随着高科技产业的迅速崛起,高科技企业、高新技术产品与服务不断涌现,营销观念、方式也不断丰富与发展,并形成独具风格的新型理念,在此基础上,国内的学者(吴金明等)综合性地提出了"4V"的营销哲学观。所谓"4V"是指差异化(variation)、功能化(versatility)、附加价值化(value)、共鸣(vibration)的营销组合理论。

1. 差异化

顾客是千差万别的,在个性化时代,这种差异更加显著。管理大师彼得·德鲁克在描述企业的定义时曾这样说,企业的宗旨只有一个定义,就是创造顾客。从表面看,企业向不同的顾客提供的是同一种商品,但实际上,顾客所买的可能是根本不同的东西。同样是买汽车,有的顾客购买的是纯粹的交通工具,有的则附加了地位、声望这些车外之物;同样是买服装,中老年人更加注重的是冬暖夏凉这些功能,而年轻人则可能把款式和是否流行作为首选内容。顾客对商品看法的差异决定了他是否会成为最终消费者。而从生产者来讲,产品是否为顾客所欢迎,最主要的是能否把自己的产品与竞争对手区别开来,让消费者一见钟情。所以,从某种意义上说,创造顾客就是创造差异。有差异才能有市场,才能在强手如林的同行业竞争中立于不败之地。差异化营销正是迎合了这种需要。所谓差异化营销就是企业凭借自身的技术优势和管理优势,生产出性能上、质量上优于市场上现有水平的产品,或是在销售方面,通过有特色的宣传活动、灵活的推销手段、周到的售后服务,在消费者心目中树立起非同一般的良好形象。

对于一般商品来说,差异总是存在的,只是大小、强弱不同而已。而差异化营销所追求的"差异"是产品的"不完全替代性",即在产品功能、质量、服务、营销等方面,本企业为顾客所提供的是部分对手不可替代的。为了形成"鹤立鸡群",差异化营销一般分为产品差异化、形象差异化和市场差异化 3 个方面。①产品差异化是指某一企业生产的产品,在质量、性能上明显优于同类产品的生产厂家,从而形成独自的市场。以冰箱企业为例,海尔集团为满足我国居民住房紧张的需要,推出小巧玲珑的小王子冰箱;美菱集团为满足一些顾客讲究食品卫生的要求,生产出美菱保鲜冰箱;而新飞则以省电节能作为自己为顾客提供服务的第一任务,从而吸引了不同的顾客群。②形象差异化指企业实施品牌战略和企业识别(corporate identity,CI)战略而产生的差异。企业通过强烈的品牌意识、成功的 CI 战略,借助于媒体的宣传,使企业在消费者心目中树立起良好的形象,从而使消费者对该企业的产品发生偏好。③市场差异化是指由产品的销售条件、销售环境等具体的市场操作因素而形成的差异,大体包括销售价格差异、分销渠道差异和售后服务差异。

2. 功能化

一个企业产品的功能在顾客中的定位有三个层次:一是核心功能,它是产品之所以存在的理由,主要由产品的基本功能构成,如手表是用来计时的,手机是用来移动通话的。二是延伸功能,即功能向纵深方向发展,如手机的储存功能、与电脑联通上网功能、移动股市行情反映功能,甚至于启动家庭智能电器等功能。它的发展呈现"单功能—多功能—全功能"的趋势。三是附加功能,如美学功能等。总之,产品的功能越多,其所对应的价格也越高(根据功价比原理),反之亦是。

功能弹性化是指企业根据消费者消费要求的不同,提供不同功能的系列化产品,增加一些功能就变成豪华奢侈品(或高档品),减掉一些功能就变成中、低档消费品。消费者根据自己的习惯与承受能力选择具有相应功能的产品。20 世纪八九十年代,日本许多企业盲目追求多功能或全功能,造成功能虚靡,使功能缺乏弹性而导致营销失败就是典型案例。

3. 附加价值化

从当代企业产品的价值构成来分析,其价值包括基本价值与附加价值两个组成部分。前者是由生产和销售某产品所付出的物化劳动和活劳动所决定的,即产品价值构成中的"C(constant cost,不变成本)＋V(variable cost,可变成本)＋m(merit value,剩余价值)";后者则由技术附加、营销或服务附加和企业文化与品牌附加三部分所构成。从当代发展趋势来分析,围绕产品物耗和社会必要劳动时间的活劳动消耗在价值构成中的比重将逐步下降;而高技术附加价值、品牌(含"名品""名人""名企")或企业文化附加价值与营销附加价值在价值构成中的比重将进一步上升。21世纪,在世界顶尖企业之间的产品竞争已不仅仅局限于核心产品与形式产品,竞争优势已明显地保持在产品的第三个层次——附加产品,即更强调产品的高附加价值。因而,当代营销新理念的重心在"附加价值化"。

为此,附加价值化应从三个角度入手:①提高技术创新在产品中的附加价值,把高技术含量充分体现在"价值提供"上,从技术创新走向价值创新。②提高创新营销与服务在产品中的附加价值。高附加值产品源于服务创新与营销新理念。许多企业已清楚地认识到,开启市场成功之门的关键就在于顾客满意,而针对顾客满意的"价值提供"则更强调服务创新。服务创新能力不但是衡量企业能否实现消费者"价值最大化"的重要标志,也是衡量企业自身能否实现"利润最大化"的"预警器"。③提高企业文化或品牌在产品中的附加价值。在21世纪,消费者表面上看仍是购买企业产品的使用价值,实质上是购买企业的价值;表面上看是消费企业所提供的产品,实质上是消费企业的文化。因此,"海尔产品的价格不是产品价值,而是企业价值以及由此导致的不轻易降价"一说才成立。

4. 共鸣

共鸣是企业持续占领市场并保持竞争力的价值创新给消费者或顾客所带来的"价值最大化",以及由此所带来的企业的"利润极大化",强调的是将企业的创新能力与消费者所珍视的价值联系起来,通过为消费者提供价值创新,使其获得最大程度的满足。消费者是追求效用最大化者,效用最大化要求企业必须从价值层次的角度为顾客提供具有最大价值创新的产品和服务,使其能够更多地体验到产品和服务的实际价值效用。这里所强调的价值效用,实质上就是消费者追求需求满足的一种期望价值和满意程度,是企业对消费者基于价值层面上的一种价值提供,这种价值提供构成了价值创新的核心内容。因此,只有实现企业经营活动中各个构成要素的价值创新,才能最终实现消费者的效用价值最大化,而当消费者能稳定地得到这种"价值最大化"的满足之后,将不可避免地成为该企业的终身顾客,从而使企业与消费者之间产生共鸣。

纵观国际市场竞争,在现代产品价格构成中,由价值提供所构成的价格愈来愈占有相当大的比重,而价值提供从更深层次上提高了企业的竞争能力。价值创新的着眼点就是将企业的经营理念直接定位于消费者的价值最大化,通过强调尊重顾客和建立顾客导向,为目标市场上的消费者提供高附加值的产品和效用组合,以此实现向顾客让渡价值。顾客让渡价值是指顾客整体价值与顾客整体成本之间的差额部分。顾客整体价值包括顾客从购买的产品和服务中所期望得到的全部利益(产品价格、服务价值、人员价值和形象价值);顾客整体成本除了货币成本之外,还包括非货币成本(时间成本、精力成本和精神成本等)。顾客让渡价值的实现要求顾客所期望得到的全部利益(顾客整体价值)在价值量上要大于顾客所花费的全部成本(顾客整体成本),即产生整体上的消费者剩余。由于每一位顾客在消费产品和服务时都具有一定的价值取向,顾客的购买行为是在对成本与利益进行比较和心理评价之后才发生的,因此,企业在经营活动中要创造价值,更要关注顾客在购买产品和服务时所倾注的全部成本。只有顾客整体价值达到最大化后,顾客才乐意倾注顾客整体成本的全部;而企业也只有在价值提供上达到顾客要求时,才能获得顾客整体成本的全部,从而使利润最大化,达成供求双方的共鸣。

第二节 产品策略

一、饭店产品的含义及构成要素

(一)饭店产品的含义

饭店产品是指饭店出售的能满足旅游者需要的有形产品和无形服务的总和。饭店产品是饭店企业生产经营体系的综合产出,饭店的各种目标(如市场占有率、利润等),都很大程度地依赖于饭店产品。饭店产品对开拓旅游市场、提高企业在旅游市场的竞争地位,都起着关键的作用。

从现代营销理论的产品整体观念看,饭店产品包括三个层次的含义。

1. 核心产品

核心产品是指宾客从产品中得到的根本利益。这种利益表现为宾客在入住饭店过程中希望由饭店所解决的各种基本问题。

2. 实际产品

实际产品是指从物质上能展示产品核心利益的多种因素。如饭店的设计风格、建筑特色、地理区位、周边环境,饭店的设施设备的品牌名称、服务项目、服务水平等。这一系列因素都能展示出饭店产品的核心利益,使产品的核心利益更容易被客人认识。

3. 延伸产品

延伸产品是指在客人购买其产品和服务时所提供的附加利益。这种利益对于客人来说是必不可少的,它能给宾客带来更多的和更大的满足,因而,对客人购买实际产品和服务具有一定的影响力。

(二)饭店产品构成要素

营销学家梅德里克全面阐述了饭店产品的构成要素,饭店产品主要由五部分组成。

1. 饭店地理区位

饭店地理区位的好坏意味着可进入性的难易、交通是否方便、周边环境是否良好。不同的地理区位构成了饭店产品的不同的内容。

2.饭店设施

客房、餐厅、酒吧、多功能厅、会议厅、娱乐设施等在不同的饭店类型中,其规模、面积、接待量和容量不相同,而且装潢所体现的气氛也不一样。饭店设施是饭店产品的一个重要的组成部分。

3.饭店服务

饭店服务包括服务内容、方式、态度、速度、效率等。各级饭店的服务种类、服务水平是不可能完全相同的。

4.饭店产品形象

饭店产品形象是指宾客对饭店产品的一致看法,它是由饭店设施、服务和地理区位等多种因素共同创造的。

5.饭店产品的价格

价格既表现了饭店通过其地理区位、设施设备、服务和形象给予客人的价值,也反映了产品的不同质量。

二、饭店产品策略

(一)单一化产品策略和多样化产品策略

这里指的是饭店经营范围。一家饭店可以把自己的经营集中在较小的范围之内,如传统的食与宿两个方面,甚至仅提供住宿,配以必要而简单的服务,此为单一化产品策略。当然,如果条件许可,一家饭店也可以扩大经营范围,以食宿为基础,提供康乐设施与购物中心,经营与旅游有关的各种业务,如出租汽车、导游服务等,此为多样化产品策略。究竟采取单一化产品策略还是多样化产品策略,取决于饭店的人力、财力、物力,取决于饭店的定位,更取决于市场需求。

(二)升档产品策略和降档产品策略

所谓升档产品策略,是指在现有产品的基础上增加高档高价的产品。所谓降档产品策略,则指在高价产品中增加廉价的产品。两者手段不同,目的则都是为了适应市场需求,增加销售量,创造更多的利润。究竟采取升档产品策略还是降档产品策略,同样取决于饭店的人力、财力、物力,取决于饭店的定位,更取决于市场需求。当前随着许多国家与地区经济发展,人们收入增加,相当大的一部分来华旅游者愿意投宿高档饭店,所以,提高饭店档次、更新饭店设备,在许多情况下也是必要的。

(三)标准化产品策略和差异化产品策略

标准化产品策略不只是指饭店应该建立各种规章制度,加强培训与质量控制,以保证自己提供的产品与服务达到一定的标准与水平;更重要的是指饭店提供的产品与服务能够为国际旅游者所接受,即达到国际标准。而差异化产品策略指的是,饭店在市场竞争中不断开发与提供新产品、新服务,强调自己的产品与服务不同于竞争者、优于竞争者,进而使旅游者偏爱自己的产品与服务。

(四)产品生命周期策略

1.投入期产品策略

在投入期这一阶段应突出"快"字,经历时间越短越好,以便产品尽快通过投入期,及早地进入成长期,取得较大的市场份额。因此,投入期应大力宣传、公关,使尽可能多的客人了解本饭店产品与服务的特色。

2.成长期产品策略

在成长期,经过一段时间的经营,饭店产品已为市场所接受。这一阶段,饭店应该突出一个"好"字。这就是要保证产品质量,同时,要广开销售渠道,加强促销力度,培养顾客忠诚度和提高品牌声誉。

3.成熟期产品策略

在成熟期这一阶段,饭店应该突出一个"异"字。产品实施差异化,在饭店产品的延伸和差异化上下力气,力争做到"人无我有,人有我优,人优我廉,人廉我转";同时,考虑开发新的市场和客户。

4.衰退期产品策略

在衰退期,饭店应慎重考虑产品的"转"字,这是指饭店销售的个别产品,尤其指有形产品,而不是指整个饭店产品的转移。对亏损产品应考虑采取抛弃策略,即使其退出市场,以求其他发展。

阅读材料

百元酒店正处于发展初期,前景看好

正如星级酒店市场有四星、五星之分,经过多年迅速发展的经济型酒店也步入了市场进一步细分的阶段。如果说2007年进入中国的"我的客栈"还是一个新生事物,那么现在百元酒店这个酒店行业新业态已吸引了众多品牌的目光。业内分析人士认为,百元酒店的出现说明经济型酒店企业正逐渐从一味追求数量扩张转变到寻求服务和产品的突破上来。而这些新变化的出现,也标志着中国经济型酒店正逐渐走向成熟,"百元酒店"这个市场也在多个品牌进入的过程中不断成熟发展。

在我国进入大规模旅游休闲消费阶段的情况下,我国饭店业态将依据市场的深度细分不断进行创新。"我的客栈""布丁酒店""汉庭客栈""贝壳酒店""百时酒店"等都是继1997年锦江之星等经济型酒店诞生后的创新业态,具有较大的市场发展潜力。其发展的主要依据是在中国14亿人口中有不同的社会阶层,他们用于旅游的可支配收入是不同的,在空间分布上有一线城市的经济型饭店,也应该有二线城市、三线城市和四线城市的不同的经济型饭店,这些

饭店的顾客能承受的价格以及对设施、服务的要求是不同的。

百元酒店具有较大的国内市场,会得到较大发展,但是,首先要研究透市场,进行创新,寻找到其品牌持续快速发展的营利模式。百元酒店对原来的经济型酒店会有一定的替代和冲击影响,关键是针对不同档次与价位的酒店,自身要有独特的"价值卖点",特别是在市场不断细分的压力下。只要存在足够大的细分市场,在竞争压力下,企业就会不断创新,进入可营利的细分市场。从这个意义上说,中国饭店市场和品牌不断细分将是一种趋势。与单体和小规模百元酒店比较,背靠汉庭、锦江、格林豪泰这样的酒店集团的百元酒店具有规模、品牌、预订系统、人力资源等方面的综合优势。

百元酒店正处在其生命周期的成长阶段,具有广阔的前景。它会对传统的社会旅馆和青年旅社产生替代与互补作用;并且,在适当时候制定一个具有推荐性质的质量认证标准,具有一定的建设集体品牌的意义。

三、产品组合

宾客消费的饭店服务产品并非饭店的单个部门或个人能够全部提供的。一方面,宾客需要的不是单个服务产品,而是多种服务产品的组合;另一方面,宾客的需求千差万别,要求饭店提供产品的不同组合以供其选择,因而饭店要针对不同的宾客,开发不同的产品组合。饭店可以从产品的广度、长度、深度和密度四个方面进行产品组合,形成不同的饭店产品系列。

1. 产品组合的广度

产品组合的广度指饭店所拥有的产品线的数量,即饭店经营的分类产品的数量,如客房服务、餐饮服务、娱乐服务等。产品线多,说明产品组合的广度较宽。

2. 产品组合的长度

产品组合的长度指饭店的每一个分类产品中所包含的不同服务项目的数量。如娱乐服务是否包括 KTV 包厢、台球室、迪斯科舞厅、保龄球馆、桑拿中心、网球场、健身房等服务项目。

3. 产品组合的深度

产品组合的深度指每一个服务项目能提供多少相关的服务内容。如 KTV 包厢中能提供多少歌曲,有无茶水服务和夜宵服务等。

4. 产品组合的密度

产品组合的密度指各类产品中各种服务项目之间在使用功能、生产条件、销售渠道或其他方面的关联程度。产品组合的密度不是一个固定的概念,从不同角度对产品组合密度进行评价,结论是不一致的。如从生产条件来看客房产品和餐饮产品,它们的相关程度是很低的,但从销售渠道看,它们却有关联之处。

饭店可以通过扩充或缩减产品组合的广度、长度和深度,提高或降低产品组合的密度等方式,调整产品组合,使得饭店产品更具竞争力。比如,扩大产品组合的广度,增设产品生产线,能扩大饭店的销售领域,增加饭店的经济收益,也有利于分散饭店营销风险,做到"东方不亮西方亮",提高饭店在竞争中的适应能力;增加饭店产品组合的深度,就是增加饭店服务内容,有利于饭店挖掘潜力,增加饭店产品的品种,满足更多细分市场的需求;提高饭店产品组合的密度,可以降低成本,为整体营销或整体开发提供方便,而减少产品组合的密度,则有利于饭店企业适应动荡的市场变化,不发生牵一动百的尴尬局面。

四、产品设计

(一)产品设计的具体内容

如前所述,饭店产品是一个综合概念,其产品内涵大于一般的产品,它既包括有形产品,也包括无形服务,还包括各类活动。对于饭店而言,除了重视传统的有形产品和无形服务之外,尤其应重视各类活动的组织和设计。从某种程度上讲,饭店的活动类产品体现了饭店企业的成长性和创新性。饭店企业可利用现有的各类资源,立足社会大环境,寻找其中可策划的活动源泉。

饭店企业进行具体产品设计时,应重视产品质量、产品功能、产品品牌、服务模式、产品包装等内容的设计和管理。

(二)整体产品设计

整体产品概念是现代市场营销观念的产物,反映了饭店营销的重点在于向宾客提供完整有用的产品,给宾客带来完整的消费满足。按照现代营销理论的整体产品观念,饭店产品包括核心产品、形式产品和延伸产品三部分。

1.核心产品

核心产品是饭店产品中最重要的构成部分,是饭店产品得以满足宾客需求的中心内容。换言之,它是宾客希望从产品中获得的最根本的利益,这种最根本的利益表现为宾客希望由饭店提供的各种服务和由饭店满足的各种基本需求。

饭店在设计产品时,应善于研究和发现不同宾客对饭店产品或服务的不同的核心需求,并通过具体的产品和服务及时加以满足。

2.形式产品

形式产品是饭店产品的外在表现形式,它既可以表现为实体产品,又可以表现为无形的服务。饭店建筑、地理位置、周围环境、店内氛围、价格等均是形式产品。借助于形式产品,宾客可更直观、清晰地了解饭店产品核心利益所在,因此,形式产品在一定程度上直接影响宾客的购买决策。饭店营销应利用形式产品突出饭店产品的特色,创造一种独特的气氛,如圣诞节期间,饭店可以通过冬雪、圣诞树、圣诞老人、马车、袜袋、白雪公主等"形式产品"突出圣诞节饭店服务产品的核心利益,吸引宾客购买。

3.延伸产品

延伸产品指饭店为宾客提供的各种附加价值与利益。在附加值竞争时代,宾客的消费选择在很大程度上取决于饭店产品所提供的附加价值和利益,因此,延伸产品的设计与提供直接影响饭店产品的市场竞争力,饭店可以从物质、价格、心理等方面适时向宾客追加附加利益与价值。

饭店在开发设计各种产品时,应根据"先核心,后形式,再延伸"的思路进行全面设计,以便增加产品的科学性和适用性。

(三)新产品的开发

饭店产品都要经历一个由进入市场到被市场淘汰的生命周期。在这一生命周期中,饭店产品一般要经历介绍期、成长期、成熟期和衰退期四个不同的时期。饭店应依据产品生命周期的变化,及时调整产品组合,并不断开发新产品,满足人们不断变化的需要。

开发新产品是饭店企业具有活力和竞争力的表现,也是饭店适应营销环境变化的一种策略。

新产品不等于全新产品。新产品是指在技术、功能、结构、规格、实物、服务等方面与老产品有显著差异的产品,是与新技术、新理念、新潮流、新需求、新设计相联系的产品。如一间客房,改进了房内的设施、设备,就成为新产品。即使不改进设施、设备,但改变了房内的文化氛围,也就成为一种新产品。一种产品,只要是宾客以前未接触过、尝试过的,但又愿意去接触、喜欢去尝试的,便是新产品。它包括以下三类。

1. 全新新产品

全新新产品是采用新原理、新结构、新技术、新材料研制而成的全新产品,技术含量最高,是过去人们未曾想到的产品,如客房内的 VOD、娱乐场所的镜宫等。

2. 改进新产品

改进新产品是指采用各种技术,对现有的产品在性能、结构等方面加以改进,提高其质量,以求得规格、式样等的多样化,它是在原有产品的基础上发展而来的,如各种改良的传统菜式、各类主题客房等。

3. 仿制新产品

仿制新产品是指市场上已经存在,饭店企业通过模仿而生产出来的产品。

开发新产品任重而道远,饭店应本着创新、对路、有利可图、量力而行的原则,不断开发各类新产品,满足人们不断变化的"求新求异"的需要。

阅读材料

如家酒店集团介绍

如家酒店集团创立于 2002 年,2006 年 10 月在美国纳斯达克上市(股票代码:HMIN),作为中国酒店业海外上市第一股,如家始终以顾客满意为基础,以成为"大众住宿业的卓越领导者"为愿景,向全世界展示着中华民族宾至如归的"家"文化的服务理念和民族品牌形象。作为中国经济型酒店行业的领袖品牌,截至 2022 年,如家已在全国 29 个省和直辖市覆盖近 90 座主要城市,拥有连锁酒店 400 多家,形成了遥遥领先业内的最大的连锁酒店网络体系。凭借标准化、干净、温馨、舒适、贴心的酒店住宿产品,如家为海内外八方来客提供安心、便捷的旅行住宿服务,传递着"适度生活,自然自在"的简约生活理念。成立至今,如家更以敏锐的市场洞察力、完善的人力资源体系、有力的管理执行力和强大的资金优势迅速建立起了品牌、系统、技术、客源等多个核心竞争力。作为行业标杆企业,如家正用实际行动带动着中国经济型酒店市场走向成熟和完善。

第三节 价格策略

一、产品定价

饭店产品的价格是饭店产品价值的货币表现,它是由饭店产品的内在价值和消费者附着在饭店产品上的心理价值两方面组成的。饭店产品价格的形成受到很多因素的影响。饭店企业在实际具体定价过程中,必须运用一定的策略与技巧。

二、定价目标

价格是饭店整体营销组合策略中最活跃的因素,也是饭店实现营销任务的重要手段。一般说来,饭店有以下几种定价目标。

1. 以获得最大利润为目标

其特点是价格定在"条件极大值"上,以利润作为定价的主要导向。但由于很难确定"最优价格点",因此饭店经常凭经验定价。

2. 以争取产品或服务质量领先为目标

其特点是饭店产品或服务的质量以较高的价格为前提,采用这种定价目标的饭店,一般都是在消费者中享有一定声誉的饭店。

3. 以扩大市场份额为目标

其特点是以低价作为向市场渗透的工具,采用这种目标的饭店,不是在价格不变的情况下提高产品服务质量,就是在产品或服务质量不变的情况下降低价格。

4. 以维持饭店生存为目标

当饭店的产品在市场上严重滞销时,饭店被迫以生存为定价目标,而这种定价目标往往导致饭店倒闭。

5. 以避免竞争为目标

其特点是参照竞争者的状况,根据饭店实际制定差异价格,这是一种比较稳健的定价目标。

三、定价步骤

一般说来,饭店产品的定价需经过下述步骤。

1. 评估目标市场购买力

调查宾客可自由支配的收入及其愿意将这部分收入用于饭店消费的比例,再通过专家评估或直接向目标市场进行问卷调查的形式,分析宾客的购买力,估测理想的价格水平和价格上限,同时,初步了解宾客对价格的敏感程度、能够接受的非价格竞争方式等。

2.估测产品单位成本

先预测产品的总需求,再估测饭店为满足总需求而进行生产的总成本,总成本除以总需求即为产品的单位成本,而依据单位成本则可估算出饭店可接受的最低价格。

3.分析市场环境

饭店了解并分析竞争者的价格水平、政府的价格政策以及饭店面临的各种外界机会及威胁。

4.确定定价目标

饭店在了解目标市场的价格要求、本饭店的产品成本、竞争者的价格、政府的价格政策以及市场环境中的其他相关因素之后,确定选择何种定价目标。

5.确定定价策略

饭店在确定定价目标之后,根据市场状况、本饭店状况等确定定价策略,如新产品定价策略、心理定价策略、促销定价策略等。

6.确定定价方法

在定价策略的指导下确定定价方法,如成本导向定价法、竞争导向定价法和需求导向定价法。所谓成本导向定价法,是以饭店的生产要素供给者所提供的生产要素价格为基础,再加上一定数量或比例的利润,从而最终形成产品的价格。竞争导向定价法,即常为饭店采用的随行就市法。需求导向定价法则以宾客的满意程度作为定价的主要参考指标。

四、影响价格的因素分析

现实市场不是"真空市场",市场上的价格会受到以下因素的限制。

1.成本

饭店生产和销售产品,要获得一定的收益来弥补其成本开支。成本既是价格的组成要素,又是产品定价的主要依据(成本通常是产品定价的下限)。饭店应在成本核算的基础上合理定价,产品定价一般不应低于成本。

2.市场因素

市场因素主要是指需求状况和竞争状况对价格的影响。价格是调节需求的有效手段之一,较高的价格会减少一定的需求量,较低的价格则会引起需求量的反弹,因此,产品在定价时必须考虑需求的约束。一般来说,主体目标客源的最大价格承受力是这个产品价格的上限。竞争因素决定产品价格在其上限和下限之间的某一落点。竞争激烈的条件下,饭店的产品又处于下风,在定价时,价格应趋向下限;竞争较少,或是产品在市场上占优势,定价时可靠近上限。同时,定价还应考虑同类产品在市场上的价格情况。

3.营销目标

饭店在不同时期应当有不同的营销目标:或是为了扩大销售量,提高市场占有率;或是为了击败竞争对手,站稳脚跟;或是先打开知名度,再扩大名誉度等。不同的营销目标会影响饭店产品的定价高低。

4.政策因素

这是影响产品定价的一个政治因素。国家对某些产品规定了最高限价,对某些产品则规定了最低保护价。饭店在定价时应首先服从国家的价格政策,在这个大范围内参照其他因素定价。

5.饭店产品因素

饭店产品价格的高低通常和质量成正比,即优质优价。产品的生命周期、品牌、知名度等都会影响饭店产品的价格。

6.通货膨胀

当饭店所在的地区发生通货膨胀时,饭店企业的各项成本均会有不同程度的上涨趋势,迫使企业相应地提高价格,以保证企业不致亏损。

影响饭店产品定价的因素不仅是多方面的,并且会互相作用。饭店企业要贯彻灵活机动的原则进行定价,但这并不意味着价格变得越快越好。如我国台湾地区饭店市场,其价格特点是"小""快""灵",即房价变化幅度小,一年内报价涨幅不超过10%;房价静止周期短,一般20~30天就波动一次;充分授权,不同等级的工作人员有不同的折扣权,加大了价格运用的灵活度。

五、产品定价策略

(一)新产品定价策略

1.撇脂定价

产品以高价进入市场,以便迅速收回投资。

2.渗透定价

产品以低于预期价格的低价进入市场,以期获得"薄利多销"的效果。

3.满意定价

选取一种失重的价格进入市场,吸取撇脂定价和渗透定价的优点。

(二)心理定价策略

1.尾数定价

给饭店产品定一个以零头数结尾的非整数价格,在宾客心目中留下一个价低的印象。

2.整数定价

给饭店产品定一个整数价格,以这种价格来反映产品较高的质量。

3.分级定价

根据产品的质量、构成、价值等因素,饭店产品可制定不同档次的价位,以体现不同产品的价值。

4.吉祥数定价

根据人们对数字的心理反应而采取用吉祥数字(如"6""8"等数字)定价的一种定价方法。

(三)折扣定价策略

1.数量折扣

饭店根据宾客购买的产品数量或次数来决定是否给予折扣,目的是鼓励宾客重复购买。

2.季节折扣

根据宾客购买行为发生的时间来确定是否给予或给予多少折扣。

3.时间折扣

根据每天早、中、晚不同的时间段和一星期中每天客流量的变化,拟定不同的价格。

4.现金折扣

饭店对宾客提前支付账单给予一定的优惠价格。

5.功能折扣

依据宾客的身份或产品的功能来确定折扣。饭店对中间商折扣较大。

6.有效的整体折扣

将饭店的一系列产品组合成一个整体进行"打包"销售,并给予较大的整体折扣。

案例导入

打1折

商家打折出售是常有的事,人们决不会大惊小怪,但有人能从中创意出"打1折"的营销策略,实在是高明的枯木抽新芽的创意。日本东京有个银座绅士西装店,这里就是首创"打1折"销售的商店,曾经轰动了东京。当时销售的商品是"日本GOOD"。

具体的操作是这样的:先定出打折销售的时间,第1天打9折,第2天打8折,第3天、第4天打7折,第5天、第6天打6折,第7天、第8天打5折,第9天、第10天打4折,第11天、第12天打3折,第13天、第14天打2折,最后两天打1折。

商家的预测是:由于是让人吃惊的销售策略,所以,前期的舆论宣传效果会很好。抱着猎奇的心态,顾客将蜂拥而至。当然,顾客可以在打折销售期间随意选定购物的日子:如果你想要以最便宜的价钱购买,那么你在最后的那两天去买就行了,但是,你想买的东西不一定会留到最后那两天。

实际情况是:第1天前来的客人并不多,即使前来也只是看看,一会儿就走了。从第3天开始客人就开始一群一群地光临,第5天打6折时客人就像洪水般涌来开始抢购,以后就连日客人爆满,当然等不到打1折,商品就全部卖完了。

那么,商家究竟赔本了没有?试想一下,顾客纷纷急于购买到自己喜爱的商品,就会引起抢购的连锁反应。商家运用独特的创意,把自己的商品在打5折、6折时就已经全部推销出去。"打1折"只是一种心理战术而已,商家怎能亏本呢?

(资料来源:www.baidu.com)

第四节 渠道策略

一、营销渠道概念

营销渠道,又称为分销渠道,是指宾客从产生消费动机、进入饭店,到最终消费饭店服务产品的整个过程中所经历的线路以及相应的一切活动的总和。在市场经济条件下,市场的容量很大很广,大部分饭店产品必须依靠一定的销售渠道,才能将产品转移到宾客手中。它既是饭店产品商品化的必由之路,也是连接产品和宾客的中介。不同的营销渠道,决定着营销活动的质量和效果。

二、营销渠道的种类

饭店产品的营销渠道主要包括直接销售渠道和间接销售渠道。

1.直接销售渠道

直接销售渠道又称为零层次渠道,指饭店不通过任何中间商直接向宾客销售产品,即宾客直接向饭店购买产品。饭店企业通常有三种直接销售渠道可供选择。

(1)饭店—客户(销售点为饭店现场):指饭店直接向登门的宾客出售饭店产品和服务,这是饭店的传统销售方式。

(2)饭店—客户(销售点为客源地、客户公司或宾客家中):指客户通过电话、传真、互联网等途径向饭店预订产品。近年来,随着信息技术的广泛应用及电脑的普及,网络已成为饭店营销的重要渠道。饭店应做好主页设计、网站建设、信息更新、需求回复等方面的工作,以强化营销效果。

(3)饭店—自设销售网点—客户(销售点为网点现场):指饭店在其经营区域或目标市场领域内自设零售网点,如饭店在机场、车站等设立销售点,直接面向宾客销售。这一模式还包括饭店企业(集团)的成员饭店之间相互代理预订,互荐客源。

2.间接销售渠道

随着旅游市场进一步国际化,单靠直接销售渠道已难以有效地吸引分散在各地的宾客,直接销售渠道在全球分布的宾客面前显得越来越薄弱,许多饭店开始借助批发商、零售商、代理商等销售机构和个人在销售信息上的优势开展销售活动。这种借助中间商将饭店产品转移到最终消费者手中的途径称为间接销售渠道。

根据中间商介入的数量不同,间接销售渠道有不同的长度和宽度。销售渠道的长度是指产品从饭店转移到宾客这一过程中所涉及的中间商的数量,中间商的数量越多,销售渠道越长。销售渠道的宽度,是指在具体销售渠道中中间商以及销售网点的数目和分布格局。中间商及销售网点多,属于宽渠道;反之,则可称为窄渠道。饭店通常有两种间接销售渠道可供选择。

(1)饭店—零售商—宾客(销售点为零售商经营现场):饭店将产品以较低的价格出售给零售商,由零售商组织客源。

(2)饭店—批发商—零售商—宾客(销售点为零售商经营现场):饭店在与批发商(如经营团体包价旅游的旅行社)进行价格谈判的基础上,以大幅度低于门市价的价格,将其产品批量销售或预订给批发商,批发商则委托零售商将产品出售给最终宾客。

三、营销渠道的选择

饭店在营销过程中选择何种营销方式,以直接营销为主还是以间接营销为主,如何确定营销渠道的长度和宽度,都涉及营销渠道选择的问题。

1.产品因素

产品因素主要指产品的质量和性质。质优价高产品由于往往被少数富有的购买者重复购买,因此宜采用直接营销渠道或窄短的营销渠道;相反,大众化的产品由于购买对象众多,分布较广,宜采用宽长的营销渠道。对于新产品,由于知名度欠缺,采用间接渠道销售往往需花费较多"口舌",不如采用直接营销渠道。

2.饭店自身因素

饭店的经济实力、营销管理能力等都是应该考虑的因素,若饭店的资金实力雄厚,则完全可以自己组建营销队伍,或是用较高的佣金来组织更多、更好的中间商队伍。若饭店的营销管理能力较强,也可以利用自己熟练的营销队伍来打开市场;反之,则必须以中间商作为营销渠道。

3.营销对象因素

营销对象的人数、分布情况、购买习惯等都会影响饭店企业对营销渠道的选择。若饭店的营销对象数量大且分布广,饭店宜采用长且宽的营销渠道;反之,则宜采用直接营销渠道。

4.长渠道销售策略

这是指饭店选择涉及中间商较多的销售渠道。采用这一策略,要考虑效率原则(便于宾客购买)、经济原则(销售渠道能带来足够的营业收入和利润)、客源原则(考虑客源的基本特点)。

四、营销渠道的发展趋势

随着市场竞争的加剧,饭店企业依靠单一的营销手段已显得越来越力不从心,因此,在营销渠道的选择上开始走联合营销的路子,组建全国性乃至全球性的营销网络,充分拓展营销渠道的长度和宽度,以更灵活的方式在最接近宾客的地方进行最有效、最方便的营销。

（一）分时营销

所谓分时营销，是指将饭店客房的使用权分时段卖给宾客，即不同的消费者购买客房不同时段的使用权，共同维护、分时使用客房，并且可以通过交换网络与其他消费者交换不同饭店的客房使用权。

分时营销把饭店客房的使用权按时段分割开来，运用"时序性"这一特点，成功地引入了分时共享和分时交换这两大消费理念，从而实现客房价值的最大化。也就是说，消费者可以每年在特定时段来享用该饭店的客房，也可以用自己的时段去"交换"同属于一个交换服务网络中的任何一家饭店的另一个时段，还可以享有时段权益的转让、馈赠、继承等系列权益以及对公共配套设施的优惠使用权。

时段分享安排的具体做法是：按一定的标准在全国各地乃至世界各地选择合适的饭店组成一个网络，将这些饭店的部分客房按每年一定时段（如每年1周或1月等）的住宿使用权，以一定的价格、一定的年限（如30年、20年、10年、5年、3年、1年）一次性出售给客户，实现客户的六大权益（使用权、交换权、赠让权、受益权、交易权、优惠权），从而向全社会推出一种既是消费又是储存，既可自用又可赠送的特殊产品——饭店共享权。时段分享安排的最大优点在于盘活了饭店的资产，为广大饭店组建了一个灵活营销网络，扩大了饭店产品与宾客的接触面，同时为客户带来相当大的便利和利益，特别适合大公司、大商社或常年出差的宾客使用。

（二）网络营销

随着计算机技术和网络通信的迅速发展和广泛应用，网络正以革命性的力量改变着人们的生活方式。对于饭店企业而言，网络营销蕴藏着无限的潜力，它为饭店营销带来新的思路。积极建设信息网络，重视网络营销，利用信息网络来开展营销工作，将是饭店业面临的新课题。网络营销是指以互联网为传播手段，通过对市场的循环营销传播，达到满足消费者需求和商家需求的过程。网络营销的价值，在于可使从生产者到消费者之间的价值交换更便利、更充分、更有效率。

饭店企业的网络营销，实则借助联机网络、电脑通信和数字交互式媒体等技术来为宾客设计产品，从而实现饭店的营销目标。一方面，现代饭店应重视网站建设，并以此作为信息沟通的平台；另一方面，饭店可通过专业的预定网站，实现信息共享和消费预订。

案例导入

一家五星级酒店网络营销渠道的构建

北京某五星级酒店建店初期，主要采用以威特尼预订系统为主的客房预订方式，手工操作的比重较大。随着计算机技术的发展，其运行、管理已不适应市场竞争的需要，酒店决定构建新的计算机管理系统，建立网络营销渠道。酒店重点从以下几个方面开展工作：①成立以总经理为首，计算机工程师、销售、前厅、客房、财务等部门经理参与的网络营销开发领导小组，并负责制定政策和开发方案。②利用中外合资条件，调查国内外酒店网络营销的硬件和软件系统现状、经验,提出具体开发方案。③根据调查结果和开发方案比较,酒店选择了美国先进酒店计算机网络模式和软件设计,并购置安装,形成酒店内部联网的计算机系统。④聘用香港一家计算机公司,重新优化了原有设计,使国外先进软件程序和酒店的特点结合起来。⑤将本酒店的预订系统与上级酒店集团的预订中心联网,形成了国外、国内,系统外与系统内网络结合起来的网络营销渠道。⑥在网络调试运行过程中,配备和培训网络系统的管理人员与操作人员。经过一段时间试运行和培训,酒店网络营销系统和联网预订渠道正式投入运行,使酒店计算机网络建设与管理进入先进行列。⑦在正式运行的基础上,以销售部牵头,计算机中心技术支持,建立了酒店网站,形成了客房网上预订渠道。

3 复习与思考

一、重点概念

产品策略　价格策略　渠道策略　促销策略

二、思考讨论题

1. 论述饭店营销有哪些组合策略?
2. 产品策略的具体内容是什么?
3. 营销渠道的种类有哪些?
4. 常用的促销手段有哪些?

三、实践题

朱老板接手了一家市区的酒店,很是兴奋。这是一家拥有 60 多间房的微精品酒店,原来的老板装修经营一年多,以 268 万元的价格转让给朱老板。朱老板在接手前进行过实地考察,地方清静,空气好,生意很好,旅游团入住爆满。可是,接手不久,朱老板傻眼了,这么大的酒店,每天散客入住不足十间,旅游团也不再来了。原来前任老板是为了提高人气、迷惑真相才亏本带团来的。据前台服务员介绍说,前任老板很少到酒店来,基本不管酒店,服务管理等都跟不上,很少人知道酒店。旅游团是用来充数的,198 元的房间才卖 65 元,根本就不赚钱,这个酒店一直在亏本经营。但是接手三个月了,朱老板想了很多办法,就是不见酒店经营有任何的起色,依旧冷冷清清,朱老板满脸愁容。这个时候,一个营销团队给朱老板出了一套营销方案,3 个月后酒店竟奇迹般地起死回生。营销团队的营销方案和步骤如下。

1. 朱老板放手酒店的管理,加盟尚一特酒店品牌,让专业的人做专业的事,让他们来接管酒店。

2. 成立社群,目标是把周围 3000 米内的商家全部加入一个群。首先找到周边 10 个商家,告诉商家拉 10 个商家进群,可免费到酒店领取 1 瓶价值 588 元的原装法国进口红酒 1 瓶,再赠送 88 元代金券一张,这样很快群内达到将近 500 人,然后不断地在群内做各自的营销,通过经营社群为酒店带来流量,客户有需求入住,拿券过来可以抵 88 元办理入住。这一招每天为酒店带来十几间房的入住。

3. 建立一个出租车司机服务群,用同样的方式,很快又把区域的出租车司机和私家车司机拉入到一个群,用同样的方式做各种活动,为司机们提供免费的体验和宣传,并告诉他们,每拉一个客户过来入住奖励50元。这一招每天为酒店增加了5~10间客房入住。

4.通过OTA平台的维护,以及线上营销模式的调整,很快把美团分数提升到5.0,携程分数提升到4.8分,这样,每天酒店线上订单达到将近20间房。

5.制定100元的体验券5000张进行引流,找到当地稍微大一点的商家如KTV、健身房、美容院、洗车中心、电影院、餐厅等,给他们赠送一些体验券,形成一个能够互相引流的机制。通过这种方式,一个月内成功引流200多个客户到酒店参加各种活动,办卡充值了40多万元。

6.客户退房的时候,前台服务小姐会告诉客户,客户前期缴纳了100元押金,如果将这100元押金转为储值的话,可以赠送客户一瓶价值588元的红酒。这种方法每天可以锁定十几个客户再次消费。

三个月过去了,朱老板大喜,入住率达到了90%以上,三个月储值办卡就收入了40多万元!

要求:分析上述案例的营销组合策略。

第六章
饭店促销策略

在市场经济高度发展的时代,产品必须依赖销售去连接消费。企业通过促销活动,不仅可以传递商品信息,扩大企业及其产品的知名度,而且有利于协调企业与各方关系,消除偏见与误解,赢得支持和信任,从而树立企业的良好形象,稳定企业的市场占有率,巩固其产品的市场定位。通过本章的学习,我们将会更加深刻地理解促销的实质,体会有效的促销在饭店企业的销售活动中发挥的重要作用。促销可以在很大程度上促进和保障饭店的市场营销工作的进行。

思政目标

★学习和研究饭店促销策略,有利于学生把握饭店市场发展趋势,促进学生专业成长
★提高学生独立思考、辩证思维、团结合作、善于沟通的综合素质

学习目的

◆了解饭店促销的基本概念
◆理解饭店促销组合的内容及影响因素
◆应用广告、人员、营业推广和公共关系在饭店营销中的策略

案例导入

丽思·卡尔顿酒店:内部营销为本

大多数公司都只注重外部营销,追求品牌忠诚度和顾客满意的价值,他们忽视了内部员工满意的一面,而丽思·卡尔顿酒店恰恰是从内部营销入手,提出"照顾好那些照顾顾客的人",做出了营销创新。这也是许多卓越公司成功的奥秘,即要提高品牌忠诚度,必须首先培养忠诚的员工,提高员工的满意度。

丽思·卡尔顿酒店以杰出的服务闻名于世,吸引了5%的高层职员和上等旅客。超过90%的丽思·卡尔顿酒店的顾客仍回到该酒店住宿。尽管该酒店的平均房租高达150美元,但丽思·卡尔顿酒店的入住率高达70%。该酒店的著名信条是:"在丽思·卡尔顿酒店,给予客人以关怀和舒适是我们最大的使命。我们保证为客人提供最好的个人服务和设施,创造一个温暖、轻松和优美的环境。丽思·卡尔顿酒店使客人感到快乐和幸福,甚至会实现客人没有表达出来的愿望和需求。"

丽思·卡尔顿酒店为了履行诺言,不仅对服务人员进行极为严格的挑选和训练,使新职员学会悉心照料客人的艺术,还培养职员的自豪感。在挑选职员时,就像酒店质量部门副经理帕特里克·米恩(Patrick Mene)说的那样:"我们只要那些关心别人的人。"为了不失去一个客人,职员被教导要做任何他们能做的事情。全体职员无论谁接到顾客的投诉,必须对此投诉负责,直到解决为止。丽思·卡尔顿酒店的职员还被授权当场解决问题,而不需要请示上级。每个职员都可以花 2000 美元来平息客人的不满,并且只要客人高兴,允许职员暂时离开自己的岗位。在丽思·卡尔顿酒店,每位职员被看做是"最敏感的哨兵、较早的报警系统"。丽思·卡尔顿酒店的职员们都理解他们在酒店的成功中所起的作用,正如一位职员所说:"我们或许住不起这样的酒店,但是我们却能让住得起的人还想到这儿来住。"丽思·卡尔顿酒店承认和奖励表现杰出的职员。根据它的"五星奖"方案,丽思·卡尔顿酒店向杰出的职员颁发各类奖章、"黄金标准券"等作为奖励。酒店的职员流动率低于 30%,而其他豪华酒店的职员流动率达到 45%。

丽思·卡尔顿酒店的成功正是基于简单的内部营销原理,要照顾好顾客,首先必须照顾好那些照顾客人的人。满意的职员会提供高质量的服务,因而会带来满意的顾客,感到满意的顾客又反过来会给企业创造利润。

第一节 饭店促销概述

一、促销与饭店促销

从市场营销的角度来看,促销又称销售促进或销售推广,是指通过人员或非人员的方法将企业的产品或者服务信息进行传播,帮助消费者认识商品或服务带给购物者的利益,从而引起消费者的兴趣,激发其购买欲望,促使其采取购买行为的活动的总称。

饭店促销是对饭店和饭店产品的有关信息进行传播,帮助消费者认识饭店产品所能带给他们的利益,从而达到刺激销售、控制销售或者维持良好的销售水平的一种活动。饭店促销活动,不仅可以帮助和说服潜在消费者购买,而且诱导和刺激消费需求的产生。因此,促销的实质是营销者与购买者之间的信息沟通。

二、促销策略的内容

促销是一个沟通过程,在具体设计促销策略时,应从以下几方面着手。

1.选择促销对象

饭店在开展每一次促销活动时,首先要明确促销的对象是谁——是中间商还是宾客?这些对象分布在哪儿?其购买行为、心理活动等有何特点?针对具体的促销对象来设计具体的促销内容。

2.选择促销目标

促销目标指通过促销活动要解决的问题,通常由浅到深分为三个层次。

(1)认识上的问题:通过促销,让宾客知晓、了解饭店的产品。

（2）感觉上的问题：通过促销，让宾客对饭店的产品产生好感，产生好的评价。

（3）行动上的问题：通过促销，让宾客采取购买行为，促进饭店产品销售。

根据需要解决的问题，确定具体促销目标，如增加市场销售额、发展新宾客、提高知名度、塑造公众的品牌意识、激励宾客重复购买、寻求有关机构的理解和支持等，然后根据选定的目标，对各种促销因素做适当的组合。

3. 选择促销设计方案

饭店要合理选择促销设计方案，确保信息传递的有效性。选择促销设计方案应注意以下几个方面。

（1）主题鲜明清晰：确定促销主题，确定采用何种文字语言、何种象征物来表达、突出主题。

（2）形式恰当醒目：确定信息表达所采用的符号和编排方式（如是以图片为主、文字为主，还是两者结合），确定图片和文字的比例、版式，确定采用哪种字体、字形。

（3）结构有序合理：确定信息内容叙述和表达的逻辑结构，如采用哪种信息表达方式，是诉诸情感还是诉诸理智，是先抑后扬、先扬后抑还是只扬不抑。

（4）信息源真实可信：确定权威性高、可信度高的传播者来散发信息的主要内容。

4. 选择信息沟通渠道

这是指采用何种渠道来传递信息，可以采用大众传播渠道、人际沟通渠道，或是饭店内部沟通渠道，还要做好这些信息渠道的有机组合，使之扬长避短，提高传播效率。

5. 建立促销预算

这是指根据饭店经营现状、产品特点、流动资金状况、目标宾客和竞争者情况等因素制定促销费用预算，常采用的方法有以下几种。

（1）目标导向法：根据具体的促销目标来确定所需费用。

（2）竞争对抗法：根据竞争对手的促销费用情况确定所需费用。

（3）销售比例法：根据饭店历年的营业收入或利润，按比例安排促销费用。

6. 确定促销组合方式

这是指决定各种促销方式（如广告活动、人员促销、直接邮寄、形象促销等方式）的主辅关系和配合方式，并根据国家的有关法律和法规，确定每次促销活动的活动规则，确保促销活动的严肃性和合法性。

7. 衡量促销结果

按照先前确定的促销目标，比较营业额、公众态度等指标的变化，衡量每次促销能释放出的"能量"，总结成败得失。

8. 分析促销活动的限制因素

在设计促销组合策略时，为了保证促销活动的有效性，饭店应周密考虑各种不可控因素或不确定因素对促销活动可能产生的影响以及相应的应急对策，防止"临危手乱"现象的发生。当然，在分析限制因素时，饭店应本着"抓住重点、照顾一般"的原则抓大顾小，合理分配精力、物力和财力，防止主要精力被众多的小事所牵缠。

9.加强促销全过程的管理和协调

在这一点上,著名营销专家科特勒做出如下建议:

(1)任命一名信息沟通的主管人员,负责沟通公司说服性信息。

(2)制定不同促销工具的适用范围及信息沟通作用宗旨。

(3)对用于产品、促销工具、产品生命周期不同阶段的所有促销费用进行追踪,并观察其效果。

(4)主要促销战开始时,协调各种促销活动的安排。

三、饭店促销的作用

(一)沟通信息,指导顾客消费

这是促销最基本的作用。促销可以帮助饭店企业通过信息传递,在饭店和消费者之间架起沟通的桥梁。饭店企业积极地向顾客提供和推广各种有关饭店产品的信息,以引起顾客的注意,激起顾客对该饭店产品的兴趣,刺激顾客的需求,从而使在市场上正在寻找卖主的潜在顾客成为现实顾客。

(二)突出产品特点,激发顾客需求

在饭店企业市场竞争日益激烈的情况下,饭店行业中存在许多相互模仿、相同经营模式的饭店,同类产品也非常多,但其差别又很微小,顾客难以区别。饭店可以通过促销活动宣传本饭店的产品与其他饭店产品的差别和优势,以使顾客认识到饭店产品与服务给顾客带来的特殊利益,激发他们消费的欲望。同时,饭店企业促销通过介绍新的产品,展示合乎潮流的消费形式,提供满足消费者生存和发展需要的承诺,从而唤起消费者的购买欲望,创造出新的需求。

案例导入

巧妙的内部推销

有几位客人到商务型大华酒店商品部购物。他们停留在茶叶专柜前,看了一眼标价后说:"这儿东西贵,我们还是到外面去买吧!"这时,服务员张小姐主动走上前,关切地说:"先生们,去外面买茶叶一定要去大型商场,因为市场上以次充好的茶叶很多,一般是很难辨认的。"客人问道:"哪家商场比较好?怎样选择茶叶呢?"张小姐告诉了客人茶叶等级如何划分,茶叶好坏如何辨认,又介绍了本店茶叶的等级、特点和辨认方法,说价格虽然比一般市场高一些,但对客人来说,买得称心、买得放心是最重要的。几位客人听了张小姐的介绍,都愉快地买了几盒茶叶。张小姐做成了一笔较大的生意,客人也很满意。

(资料来源:《酒店服务与管理案例分析》,何丽芳编著,广东经济出版社,2005年)

(三)塑造形象,强化优势

饭店企业通过各种各样的促销活动,能突出宣传本饭店的优势和产品特点,强调其带给顾

客的独特利益,引起顾客重视,从而树立饭店企业形象,提高饭店及产品的知名度和美誉度,增强顾客的信任感,使顾客对饭店产品产生偏爱,一旦产生购买欲望与需求,就会马上联系到饭店的产品,提高饭店的竞争能力。

(四)强调心理促销,激励顾客消费

现代促销活动其实是"攻心为上",强调心理战术的促销活动。"心动"是前提,只有"心动"才可能"行动"。在促销中无论采取哪一种方式,从本质上说,都是一种"打动人心"的活动。

四、饭店促销组合

(一)饭店促销组合的内容

饭店促销组合是指把人员、广告、营业推广和公共关系四种促销方式有机结合起来,综合运用。

1. 饭店广告

饭店广告,是指饭店用付费的方式选择和制作有关饭店产品的信息,并由媒体发布,以传递有关信息,引起宾客注意,说服宾客购买或使用,扩大影响和知名度,树立饭店和产品的形象,达到促销目的的一种广告形式。为强化广告效果,应遵循真实性、艺术性两大基本原则。

2. 公共关系

公共关系是指饭店为了与公众沟通信息,使饭店与公众相互了解,协调各方面关系,树立良好形象,提高饭店知名度和声誉,为饭店的市场营销活动创造良好外部环境而开展的一系列专题性或日常性活动的总和。这些活动始终贯穿于饭店企业的发展过程中,既包括各项专业色彩浓厚的专题公关活动(如新闻发布会、大型庆典活动、大型酬宾活动等),还包括所有日常性的活动(如日常的服务活动、广告活动、礼仪活动等)。公共关系的优势在于其浓厚的"感情色彩",往往能达到"以情动人"的目的。

3. 营业推广

营业推广也称销售促进,是企业用来刺激早期需求或引发强烈市场反应而采取的各种短期性促销方式的总称,目的在于劝诱消费者购买某一特定产品。饭店的营业推广,包括产品展销、现场操作、赠送样品等多种促销方式。营业推广的各种方式能使消费者产生强烈而快速的反应,能被用来表现产品的特点,也能被用来通过刺激使即将低落的销售得到回升,但其推广效果往往是短期性的,对于建立长期品牌偏爱方面的效果并不理想。

4. 人员推销

人员推销是一种古老的推销方式,也是效果最好、费用最高的促销手段。饭店的人员推销指通过人际交往的方式向宾客进行介绍、说服等工作,促使宾客了解、爱好、购买本饭店产品或服务。人员推销方式有联系走访代理商、中间商、机关、团体、VIP 客户及零散宾客等。这种促销方式的优势在于强化了交易过程中的感情色彩,有利于培养稳定的交易关系,但人员促销成本较高。

饭店人员推销的步骤通常为:寻找潜在宾客;做好推销前的准备工作(了解宾客需求、确定

访问目的、确定接触方法与时间、构思推销策略);接近宾客(以合适的方式同宾客会面);介绍和论证产品;处理异议;结束推销访问,做好善后工作(应重视访问后的工作,以保证宾客满意,并再度购买饭店产品)。

饭店人员推销管理,包括人员推销设计和销售队伍管理两个方面。人员推销设计包括销售队伍的目的(如寻找新宾客、传递信息、推销产品、提供服务、收集信息、分配商品)、人员推销策略等,销售队伍管理、销售队伍结构、销售队伍规模、销售队伍报酬(如固定报酬、浮动报酬、费用津贴和福利津贴)、销售人员的培训与指导、销售人员的考评等内容。

(二)饭店促销组合的选择

饭店促销组合的选择是指在各种不同的促销组合中确定最佳组合策略。饭店在进行促销活动时,应在全面考虑促销的目的、费用、产品的性质和生命周期、饭店实力等因素的基础上,有针对性地选择灵活多样的促销方式及促销组合策略。一般情况下,饭店在选择最佳促销组合时,应综合考虑如下几方面因素。

1.促销目的

促销目的是指饭店为实现整体营销战略目标而进行促销活动所要达到的目的。它是饭店整体战略目标的一个重要组成部分,必须根据饭店整体营销战略目标的要求来制定。饭店通过促销活动以影响消费者的购买行为,这是促销的一般性目的。

饭店在某一时期内,进行某项具体促销活动时还必须服从于饭店营销战略目标的特定目的,如品牌认知、市场占有率等,否则,就无法衡量促销的效果。因此,饭店各种促销方式的具体组合必须与总目标保持一致。

2.产品性质

不同性质的产品在促销活动中要采用不同的促销方式与组合策略。一般情况下,对于饭店产品中具有购买者多、频率高等特点的产品,可以较多地使用广告宣传;而对于一些具有技术性强的特点的饭店产品,促销活动主要是向用户宣传产品功能、使用方法及该产品能为用户带来的优势,人员推销是最重要的策略,以便向顾客做详细说明,并解答疑问,提供咨询。随着市场经济的发展和竞争的加剧,公共关系和营业推广都是同等重要的策略,将逐步成为重要的促销方式。

3.市场状况

制订促销组合要考虑目标市场的性质。如市场规模小且相对集中,应以人员推销为主,这样既能发挥人员推销的优势,又能节约广告费用;市场范围广、潜在消费者数量多且较分散的市场,则应以广告、公共关系为主,辅以其他促销方式。此外,饭店还应考虑市场竞争状况,分析同类产品促销方式,结合自身的特点制订最佳促销策略。

4.促销预算

开展促销活动,饭店必然会产生相应的费用和支出。饭店促销预算直接影响促销组合策略的选择、制订和施行。在制订促销预算时,不仅要充分考虑促销目标,也要考虑饭店本身的负担能力和该促销组合对饭店销售工作的实际效用,而费用最大的促销组合不一定是效果最好的。

第二节　饭店广告促销策略

广告是促销组合的一项重要内容,是饭店和顾客之间的一座桥梁。它是一种重要的非人员促销工具,能够有效地提高饭店知名度和扩大市场份额。

一、广告的含义

所谓饭店广告是指饭店支付费用,通过各种各样的传播媒介,向饭店的公众或特定市场中的潜在顾客传递产品和服务信息,提醒顾客注意饭店产品和服务的变化,诱发顾客需求,劝说购买,从而实现扩大销售、增加赢利目的的一种促销工具。

二、广告的特点

广告的种类比较多,涉及各行各业。具体来说,广告具有以下三个方面的特点。

(一)传递信息,提供情报

情报是关于企业、产品或服务等多种信息的统称,是广告的主要内容。商业广告的基本功能是通过信息传递沟通产品,因此广告即是信息、情报。如喜来登的广告语:来到神秘的中国,您需要喜来登的关照。很多的含义,只要一句话就表达清楚了,这就是广告语的魅力。

(二)加强渗透性,深入人心

广告是一种覆盖面广、渗透力强的促销方式,但广告信息的传播是一个动态过程,侧重于长期沟通。由此,尽管一些广告反馈效益快,能起到立竿见影的促销效果,但更多的广告效益是一种隐形效益,它以一种潜在的形式留在广告受众的记忆里,长期积累形成沉淀意识,久而久之树立企业、产品形象,影响消费者购买意愿,达到促销目的。

例如,一句好的餐厅广告语能勾住顾客的心,让餐厅每天生意火爆。2019年,巴奴火锅改名为巴奴毛肚火锅,这不是店家一拍脑袋就想出来的。巴奴做大量的市场调研时发现,很多到店顾客是冲着毛肚好吃、菌汤好喝才来的,而不是冲着餐厅服务而来。巴奴创始人杜中兵说,既然调研结果显示优势是毛肚和菌汤,就要围绕这点深挖优势。巴奴撤下了"本色本味"的广告语,打起了"服务不是我们的特色,毛肚和菌汤才是",让客人一看就知道企业的定位和优势,立刻把巴奴和其他品牌区分开。广告语起到了深入人心的效果。

(三)建立认同感,引发情感共鸣

广告的表现手法多种多样,它可以把感情、兴趣、知识、信息等感性因素和理性因素结合起来融为一体,非常富有表现力和说服力。广告让顾客与企业建立认同感,引发情感上的共鸣。如2019年8月,和府捞面发布新的广告语:"原汤养身,书房养心。"为了配合新的广告语,和府捞面把部分店面重新装修,传递和府精神——给顾客带来高品质美食的同时,带来一种更好的环境体验。有了书房里的面馆,以及店内常见的"原汤""养身""书房""养心"四扇屏风,和府捞面把品牌特色从场景、文化延伸到了心灵和情怀。

三、广告的功能

广告作为一种促销工具,在饭店促销工作中有着重要的意义,饭店采用各种各样的广告可以有效实现企业的促销目标。饭店广告一般有如下功能。

1. 宣传饭店的产品和服务

这是饭店广告的基本作用。通过广告向顾客介绍饭店的设施、服务及特色,介绍饭店产品预订的途径和地点等。让顾客通过广告来了解饭店产品的有关信息,以便在众多的饭店产品中选择满足自己需要的产品。

2. 树立饭店形象

运用声望广告、形象广告来突出整个饭店或饭店集团的形象,对饭店的形象和声誉影响较大,以此来提高饭店知名度和美誉度。

3. 促进产品销售

从消费层面看,广告可以使顾客对饭店产品发生兴趣、产生偏爱、激发购买欲望,从而刺激需求,扩大购买。

四、广告的类型

广告有以下几种分类方式。

(1)根据作用,广告可分为形象广告和产品广告。形象广告是指树立饭店形象,建立饭店的声誉和知名度,沟通饭店与消费者的关系,宣传饭店的一贯宗旨和历史成就,以间接达到推销产品和服务的目的。产品广告着重介绍饭店所提供的设施、产品、服务、价格、特色,介绍饭店预订的方法、途径、地点等,其作用是直接促进饭店销售。

(2)根据目的,广告可分为提供信息性广告、劝诱性广告、提醒性广告和公益性广告。提供信息性广告的内容主要是介绍饭店的设施和服务,介绍其产品的优越性和为顾客带来的利益,使顾客对饭店产生需求。劝诱性广告的目的是制造选择性需求,使顾客选择本饭店。比如,广告采用比较的手法,突出本饭店与其他饭店相比的优越性。提醒性广告是为了提醒顾客来使用本饭店产品,设法保持本饭店产品的知名度。公益性广告是用来宣传公益事业或公共道德的广告。公益性广告能够实现饭店自身目标同社会目标的融合,有利于树立并强化企业形象。

(3)根据选用的媒体,广告可分为大众传媒广告、户外广告、邮寄广告、橱窗陈列广告等。

(4)根据广告所付出的投资费用,饭店广告可分为免费广告与付费广告。付费广告是大多数饭店普遍采用的广告形式。因为通过电视、报刊、广播,广告所能涉及的范围很广,特别是对于新的饭店来说,吸引顾客并让他们了解其产品的最快、最有效的办法,就是付费广告。

五、媒体宣传广告的创意策划与制作

饭店的媒体宣传广告是指广告信息的传递工具是媒体。为保证宣传广告取得成功,要做好宣传广告的创意策划与内容、图片的制作等,它是一项十分复杂、细致的工作。因此,饭店要着重解决好以下四个方面的问题。

(一)主题简洁

简洁要求以尽可能少的题材突出主题,使广告信息简明、单一,最好只有一个主题,能够吸引人们的注意,激发购买欲望和行为。

(二)创意新奇

广告创意是经营者为达到宣传促销目的所寻求的一种说服客户购买自己的产品与服务的一种独特思维、理念和构想,它用简洁的语言和图片表现出来,给受众留下深刻印象。因此,饭店的广告设计不仅要对顾客有一定的吸引力,而且要有触动他们情感的刺激力和感染力。

(三)预估效果

媒体广告的效果主要受到饭店所选择的广告媒体的覆盖面的大小、广告时间和时段的选择、广告创意的好坏、目标受众的适应程度等多种因素的影响。因此,饭店每次准备制作刊登媒体广告前都应做好上述因素分析,预估广告效果,事后也要做好必要调查,以保证媒体广告发挥应有的作用,防止得不偿失。

案例导入

香格里拉酒店的创意广告——"至善盛情,源自天性"

一、广告分析

广告的完整版为3分钟,长达3分钟的广告讲述的是一个经典故事。故事的主角是一个旅行者。他在恶劣的天气下跨越山峰,经历了重重阻碍,却在一个积雪覆顶的雪山上迷了路。他在寒冷的暴风雪中苦苦寻找一个落脚点,透过树林的缝隙可以看到几匹狼正在窥视着他。傍晚时分他在一棵树下停下休息,全身冷得直哆嗦,想点燃火柴取暖却点不着,四周狼嚎声四起,使人毛骨悚然。旅行者提心吊胆地过了一夜,第二天早晨继续前进。此时积雪已经到了膝盖,旅行者步履蹒跚,饥寒交迫,雪山中的狼又时常在前面窜过。到最后,他坚持不下去了,倒在雪地上昏迷了过去。这时,窥伺在四周的狼奔了出来,奔向那倒在地上的旅行者。然而,出乎意料的是那些狼不是奔过去吞噬旅行者,而是在他身边卧下为他取暖。当旅行者醒来时,发现在他身边的狼已经奄奄一息,他搂住一匹狼时,已是泪流满面。此时出现字幕:"不是非要相识,才能拥人入怀。至善盛情,源自天性。"

二、广告策略

1.主题策略

香格里拉酒店的服务宗旨为"殷勤好客,香格里拉情"。作为一家高档次的酒店,为客人提供优质、温馨的服务,使顾客感到宾至如归、舒心惬意是酒店诉求的理念。香格里拉酒店的广告主题是"至善盛情,源自天性"。广告主题最重要的是简洁易懂,使顾客一目了然。"至善盛情,源自天性"无疑做到了这一点。该主题能使人一看便知香格里拉酒店亚洲式的殷勤好客、盛情待客的特点,又体现出酒店以人为本、真诚、尊重顾客的善良天性的内涵。至善真诚莫过于为陌生人提供无微不至的关怀,正如"不是非要相识,才能拥人入怀"。

2. 创意策略

香格里拉酒店这则广告兼有 USP 策略(unique selling proposition,独特的销售主张,又称为创意理论,其特点是必须向受众陈述产品的卖点,同时这个卖点必须是独特的、能够带来销量的)和品牌策略的特点。如前面所介绍的,广告讲述了一个旅行者的故事,在展示情节的同时又步步铺垫、层层设悬,直到最后看到人与狼之间的温情才知道广告所要表达的主旨,至此观众才恍然大悟并惊叹不绝。广告选择独特的、颇具震撼力的表现手法来展示这个主旨,通篇未提及酒店本身,而是通过广告所表达的主题思想来传达企业的理念文化,树立自身品牌形象,可谓别具匠心。广告甚至以人与狼和谐共处,狼给昏迷的人类送来救命的温暖这样大胆夸张、有违常规的想象来表现善良的天性,又可谓独辟蹊径。

三、广告评价

香格里拉酒店这则广告以新颖奇特的艺术手法,通俗传神地表达自身的品牌理念。广告中大胆夸张却又符合人性的想象为观众带来强烈的冲击震撼力,深深触动观众的心灵,引起观众的共鸣。广告将观众的视线带入极端的自然环境地区,只为传达一个简单而普遍的真理——至善真诚,莫过于为陌生人送上无微不至的关怀。正如该广告的代理商——奥美广告公司董事兼总经理奥家乐表示:"自与香格里拉开始合作之日起,我们就明显地感受到他们的那种与众不同和至善至美的品牌内涵。而我们需要做的就是用触动人们心灵、引发人们思考的方式将它们生动地诠释出来。我们相信香格里拉酒店集团这种独辟蹊径的品牌理念将打破人们对酒店行业的固有认知,为香格里拉在全球范围内提升品牌价值起到关键作用。"

六、广告预算决策

饭店广告预算主要包括:市场调研费、广告设计费、广告制作费、广告媒体租金、广告机构办公费及人员工资、广告公司代理费等项目,其中广告媒体租金通常占总预算的70%~90%。影响饭店广告预算的因素较复杂,包括饭店产品生命周期、销售量、利润率、市场范围、市场竞争状况、国家政策法规等方面。广告效果难以预测,尤其是对于非生活必需品的饭店产品广告更是如此,因此使得广告预算的科学决策很难做出。常用的广告预算决策方法有以下几种。

1. 量入为出法

量入为出法即根据本饭店目前的财务支出可能来安排广告预算。

2. 销售百分比法

销售百分比法即取销售总额的一定百分比作为广告预算。

3. 竞争对峙法

竞争对峙法即根据竞争对手的广告费用开支来决定自己相应的广告预算。

4.目标与任务法

目标与任务法即根据完成广告目标任务所需要的广告开支估算数来制订广告预算。这是四种方法中相对较科学的一种方法,需要以广告目标的具体化和科学化作为基础。

七、测评广告效果

测评饭店广告效果主要有三方面意义:衡量广告费用的投入是否获得了预期的效益;为修订广告计划提供依据;明确哪些外部因素是广告所无法改变的。

饭店广告效果可分为两方面:一是沟通效果,二是销售效果。

(一)沟通效果的测评

沟通效果的测评有两种方法:一是事前测评,也称预试;二是事后测评。预试主要通过直接评分和组合测试两种方法来进行。前一种方法由消费者小组或广告专家小组观看有关广告后进行全面评分,此方法主要有助于筛选掉不良广告。后一种方法是请消费者看一组广告,然后加以自由回忆,主要测试广告的突出点和易懂易记处。事后测评也包括两种较流行的方法:回忆测评和识别测评。前者要求接触过某种媒体广告的人,回忆最近一次广告中所展露的广告产品,以表明广告为人注意和容易记忆的程度;后者主要统计在特定媒体上曾注意到、曾见过并进行过联想和深读过广告信息的目标受众百分比。

(二)销售效果的测评

由于饭店产品销售受到服务特色、价格、竞争状况等一系列因素的影响,因而测评饭店广告的销售效果比沟通效果更为困难。这里仅列出两个简单的计算方法作为参考。

(1)当广告宣传的饭店产品是新产品(服务)时:

广告效益＝单位产品(服务)利润×(广告后销售量－广告前销售量)－广告费用

(2)当被广告宣传过的产品继续做广告时:

$$广告效益增长比率 = \frac{销售额增加率}{广告费用增加率} \times 100\%$$

第三节　饭店人员促销策略

人员推销是一种传统的促销方式,也是现代国际旅游饭店市场常用的促销方式。在我国,每个饭店都设有销售部门,但是销售部门的人员往往在企业中不被重视,导致销售人员的作用得不到充分发挥。其实,在饭店促销的活动中,人员推销是强有力的、可靠的、十分有效的促销手段。对于饭店产品(会议设施、多功能厅、宴会厅)而言,一些技术设备需要展示给顾客,这时人员推销更不失为一种行之有效的推销方式。由于在所有的促销方式中,人员推销相比广告、营业推广等有更大的灵活性和针对性,更有利于培养饭店与消费者之间的友谊,建立良好的伙伴关系,因此,饭店促销人员必须树立的一个准则是:全心全意为顾客服务,使第一次购买产品的顾客成为自己的长期顾客。

一、饭店人员促销形式

所谓饭店人员促销,是指饭店通过派出销售人员与一个或一个以上可能成为购买者的人进行交谈、劝说,以推销饭店产品,扩大产品销售。饭店可以采取各种形式开展人员促销,其主要形式有以下两种。

1.建立自己的销售队伍

饭店使用本饭店职工作为销售人员来推销饭店产品。促销队伍中的成员又称促销员、销售代表、业务经理、销售工程师。他们又可分为两类:①内部销售人员,一般在办公室内用电话联系、洽谈业务,并接待可能成为购买者的人来访;②外勤促销人员,他们做旅行推销,上门访问顾客。

2.使用合同销售人员

使用本饭店以外职工,如制造代理商、销售代理商、经纪人等作为商品促销员,按照其代销额付给佣金。

二、饭店人员促销的特点

饭店人员促销与其他促销方式相比,有其自身的缺点与优点。

(一)人员促销注重人际关系,有利于双方信息的传递

饭店促销人员在促销活动过程中,满足顾客需要是保证销售达成的关键。因此,饭店销售人员应在许多方面为顾客提供服务,帮助他们解决问题,争取顾客信任。同时,在双方面对面的洽谈过程中,饭店人员可以与顾客拉近距离,比如可谈及工作、生活等买卖以外的中性话题,从而更容易接近和取悦顾客,与之形成良好的友谊。

(二)人员促销过程的机动灵活

饭店促销人员与用户进行面对面洽谈时,可以第一视角观察到顾客对推销活动的反应和态度,从而采用相应的促销策略,提高人员推销的成功率。

(三)促销针对性强,成功率高

饭店人员促销与广告促销相比,其针对性强,能够充分利用促销人员对饭店产品的熟悉程度,并根据顾客对商品的不同欲望、要求、动机和行为,采取不同的解说和介绍方法,促成消费者购买。广告促销能激发购买欲望,却不能实现立即销售;而人员促销总是带有一定的倾向性,目标较为明确,用户会倾听销售人员的宣传并做出反应,成交机会大。

(四)有利于饭店提高决策水平

饭店促销人员是促销工作的第一线"战士",直接与顾客打交道,因而能收集到及时可靠的市场信息,为饭店营销决策提供良好的建议和意见。

三、饭店促销人员应具备的基本素质

人员促销的关键在于饭店促销人员。促销人员素质和能力的高低直接关系着促销绩效的好坏，以及饭店的形象优劣，因此，饭店应加强对饭店促销人员的培养和管理。饭店促销人员应具备以下素质。

（一）较高的思想政治水平

良好的饭店促销人员首先要热爱饭店行业，热爱企业，讲究职业道德，具有坚定的事业心和责任感，遵纪守法，依法开展饭店营销工作。

（二）知识面广，具备熟练的业务知识

促销人员既要熟悉有关的方针政策，有宽广的知识面，具备经济学、社会学、市场学、心理学、美学等知识，同时，要有熟练的业务知识，包括饭店产品知识，如饭店特色、装潢、价格等。

（三）较强的业务能力

业务能力是饭店促销人员业务素质的体现。促销人员除了要具备销售服务所需要的观察能力、综合判断能力、应变能力、记忆能力、思维能力和良好的语言表达能力外，还要具备全面的操作技术能力，如饭店产品陈列、展示及设施、设备的操作等。为了做好饭店销售工作，饭店促销人员应主动把握有关饭店业的市场动态，了解和记录客户的需要和反馈信息，并利用这些相关的情况开展销售工作，有效地促进销售。

（四）身体健康和仪表端庄

人员促销的特点决定了其工作性质，没有固定的工作场所、作息时间不规律、工作压力大等，这就要求促销人员必须具有良好的身体素质。除了保持身体健康外，销售人员还要注重容貌修饰、仪表仪态、整洁服饰，保持文雅的行为风度，使自己有良好健康的精神面貌。

四、饭店促销人员的工作程序

（一）销售前的准备

为了完成销售任务，饭店促销人员在拜访客户或洽谈业务之前需要准备各种各样的信息资料，其中包括：饭店宣传小册子、产品价目表、饭店设施设备图片、饭店活动介绍、明信片、销售记录卡、名片及有关饭店产品和服务的各种资料。

促销人员拜访大客户时，应事先拟订销售访问计划，包括本次访问的内容、目的、访问者的需求等内容，然后拟好要点，按顺序排列，依次执行。比如访问的目的，或是为了获得订单，或是为了达成某个协议（希望被访者租用饭店的宴会厅、会议室），或是想通过被访者介绍新的客户。

对于潜在客户,饭店销售人员可通过访问、查阅资料等方法直接寻找,也可通过广告开拓,或利用朋友介绍、推销人员之间的协作等方法间接寻找。饭店销售人员要善于挖掘和识别不同的潜在顾客,并采取相应的措施,使其成为现实顾客。

(二)拜访客户

确定好拜访客户的时间、方法,做好谈话提纲,确定销售的方式,销售人员可以去拜访客户了。拜访过程如下。

1.问好

对老客户,问好后顺便提及以前交往的印象如何,有何建议;对新客户,先自我介绍,说明自己的姓名、所属单位,并向客户递交名片,应直截了当地说明来访的目的,并顺便说一句:"我不会占用您太多时间。"另外,不管是对新客户还是对老客户,饭店销售人员应态度热情、诚恳大方。

2.礼貌和技巧性的客套问话

例如,"打扰您了。""没打扰您吧?""能占用您几分钟时间吗?"让对方有所准备,不致反感或回避访问。

3.开门见山,说明来意

对老客户,首先感谢上次预定或支持,顺便递上饭店新产品或服务的介绍资料,征求改进意见;对新客户,应送上饭店详细的介绍资料(要察言观色,揣摩对方心理,赢得对方的好感),介绍饭店产品和服务,包括优惠及折扣,以引起对方的兴趣,争取客人对预订的明确答复,随之抓紧时间签约,然后向客人道谢。但销售人员在洽谈时不可操之过急,不能让对方产生一种"我就是来推销"的印象,特别是对潜在的客户。必要时可以聊聊双方共同关心的问题或感兴趣的话题,以此拉近距离。

另外,在拜访客户时,如听到客户对饭店设施及服务的不满,饭店销售人员应先道歉,而不是辩解,并真诚地请求客户给予弥补的机会,保证下次让顾客满意。如果推销人员能够妥善处理客人的不满,让客人满意,那么这个客人就可能成为饭店产品的忠实购买者,并通过他的口碑作用,使更多的客人下榻饭店。

饭店销售人员在销售时,说话不能迟疑不决,或是吞吞吐吐,否则会影响对方对你的信任;要做到主动、热情、耐心、周到地为客户服务;在销售时不要采取强迫的推销方式,潜在的客人愿意自己购买,而不是被动地购买;要用循循善诱的方式,比较容易为客人所接受。

(三)拜访后的工作

拜访活动结束后,销售人员应将访问的情况记录在"客户访问卡"上,对预订的情况立刻向有关部门如前台部、客房部、餐饮部、宴会部等通报,做好接待安排计划,对贵宾要填贵宾卡,拟订接待规格;要继续与客户保持联系,对客人的多种要求应尽量满足;对客人的投诉,要记录在案,并尽快处理,将书面材料送达相关部门或领导。

分片推销

赵先生被任命为某酒店总经理,他决定重点抓好酒店的薄弱环节——营销。

首先,成立营销部。从各部门里精选出8名业务熟练、素质过硬的业务骨干,简短地召开一个动员会,营销部就开始运转了。为了明确责任,提高效率,赵总亲任营销部经理。8名骨干,每人分工负责一条线,有负责财经、金融、商贸系统营销的,有负责政府、政法、电力系统的,有负责文教卫生部门的,还有负责市属各级企业的,分工明确,任务到人,一目了然。

万事开头难,刚开始运转的营销部要钱没钱,要粮没粮,连上电视打广告的经费都有困难。面对窘境,赵总咬咬牙,没钱就先不打广告,走出酒店,上门推销。说起来容易,真做起来就有点困难了,头几天营销人员都早早出门,不到半个上午就全回来了。赵总一看,没有发火,明白事出必有因。经过谈话后,赵总迅速调整了策略,一方面从市旅游学校聘请来专职教师对营销人员进行推销业务培训,另一方面将几位副总、书记等主要领导临时分配到营销部,每人带一个徒弟,共同出门推销。

一段时间以后,营销员们已经基本熟悉了推销业务,不需要"师傅"帮带了,赵总便与他们"约法三章":第一,早上8:30准时出门,下午4点后才允许回酒店述职汇报;第二,上门推销一定要落到实处,找到关键人物,宣传酒店形象;第三,每天都要有收获,就算签不下订单,也必须带回有价值的信息。随着营销员们的努力,酒店的面貌发生了巨大的变化。在热情的营销员的号召下,越来越多的陌生的面孔走进了酒店,"试一试,看一看",却惊讶地发现这家看似不起眼的酒店其实真不赖,一传十,十传百,赵总的营销工作初显成效。为了保持营销工作的良好势头,赵总又调整了营销人员的收入核算方法,将每人的工作实绩与经济收入直接挂起钩来,并下达了基本指标和奖励办法。营销员们的积极性得到了激发,干劲更足了,连续半年来始终稳居销售榜首的小丁平均每个月都要为酒店拉来近二十万元的营业收入,而其他最少的也能拉来八九万元的月收入。

评析:这个案例真切地说明人员推销在现代社会又焕发了青春,成为现代企业所钟爱和推崇的一种促销形式,也能够取得良好的效果,关键是要采用良好的培训手段和激励机制。因为人是最有能动性的,在好的机制下,通过良好的培训,每个人都能成长为优秀的人才,并且发挥自己的聪明才智,灵活积极地采取有效措施,形成强大的营销力量。

第四节 饭店营业推广策略

在促销组合中,公共关系提供的是企业形象,广告促销提供的是购买理由,而营业推广是能迅速刺激需求、鼓励购买的各种促销形式。它是人员推销、广告和公共关系以外的一种促销方式,也是其他促销方法的一种辅助。饭店企业营业推广是构成促销组合的一个重要部分,也是现代饭店常常使用的促销手段之一。典型的营业推广一般用于暂时的和额外的促销工作,是为了促使购买者立即购买和使用。

一、饭店营业推广的含义

饭店营业推广是饭店在一定的时期内,采用特殊方式对消费者进行强烈的刺激,激发消费者强烈的购买欲望,促成迅速购买的一种促销方式。

饭店营业推广的目的首先是为了吸引顾客。特别是在饭店推出新产品或吸引新消费者方面,由于营业推广的刺激性比较强,较易吸引消费者的注意力,使消费者在了解产品的基础上采取购买行动,也可能使消费者追求某些方面的优惠而使用产品。

其次,饭店营业推广可以达到奖励饭店忠诚者的目的。因为营业推广的很多手段如赠品推销、展示推销、价格折扣推销、赠券等通常都附带价格上的让步,比较容易吸引消费者的注意力,这些受惠者大多是经常光顾饭店的消费者,从而使他们更乐于购买和使用本饭店产品,以巩固饭店的市场占有率。

最后,饭店营业推广的最终目的是实现饭店的营业目标。营业推广实际上是饭店让利于购买者,它可以使广告宣传的效果得到有力的增强,破坏消费者对其他饭店产品的品牌忠诚度,扩大饭店知名度,树立良好的企业声誉,从而达到本饭店产品销售的目的。

因此,饭店在使用营业推广这一促销工具时应慎重,既要有效地发挥它的作用,又要避免它的负面影响。

二、饭店营业推广的特点

饭店营业推广手段是刺激和鼓励消费者消费,提高成交的手段。同人员推销、广告及公共关系相比,它具有以下的特点。

(一)针对性强,方式灵活多样

营业推广直接对消费者或中间商,通过激励条件调动有关人员的积极性,产生购买欲望,立即促成购买行为;营业推广方式多种多样,饭店能够根据产品特性、用户心理及市场状况灵活运用,从而具有强烈的吸引力,并唤起顾客广泛的关注,迅速地起到促销效果。

(二)非正规性和非经常性

营业推广是促销组合中其他促销方式的补充措施,任何饭店都不能仅靠营业推广生存,它只具有暂时而特殊的促销作用,因此是非正规性和非经常性的促销活动。从消费者购买行为的过程来看,饭店必须给消费者以强烈的、超常规的刺激,才能迅速激发消费者的购买欲望。对一般性的、常规的刺激,消费者已司空见惯、不足为奇,起不到吸引消费者的作用。因此,饭店开展营业推广活动,一定要具有创造性。

(三)攻势过强,易引起顾客反感

营业推广活动总是伴随着各种优惠条件和强大的宣传攻势,例如饭店折价券、首次购买奖励等,这虽然有利于饭店尽快地销售饭店产品,获得短期经济效益,但攻势过强,容易使顾客产生逆反心理,误认为饭店急于推销的产品在质量、价格等方面存在问题,从而有损饭店的形象。因此,饭店进行营业推广时要注意选择恰当的方式与时机,尽量避免对同一产品频繁使用同一策略。

三、饭店营业推广的形式

饭店营业推广的形式有两种:销售代理机构的营业推广和最终顾客的营业推广。

饭店销售代理机构是指饭店的销售中间商,比如旅行社、航空公司、销售批发、饭店协会等。对于这些机构的营业推广手段有两种,一是折价推广让利,当中间商为推销本饭店的产品和服务而做广告促销时,饭店应给予更多的预定折扣或津贴,以弥补中间商的广告促销费用,鼓励中间商对饭店的支持;二是提取红利,即在淡季,中间商每使饭店的客源增加,饭店应支付一定比例的红利,作为中间商的额外收入,以此对中间商奖励。通过这两种方法来刺激和鼓励中间商的积极性,使其愿意在饭店销售淡季时,更多地为饭店提供客源。

饭店向最终顾客直接进行营业推广可以吸引顾客直接到饭店购买或者销售中间商购买,主要可以起到提高饭店淡季的销售额。对于最终顾客的营业推广,主要的刺激手段有三种。一是折价券、赠品证券,在国外,有许多的饭店采用赠品证券;在我国,也有越来越多的饭店采用此方法。赠品证券的方法是多种多样的,这也是饭店营业推广最重要的工具之一。二是赠送样品、提供各种价格折扣、消费信用、赠券、礼品、服务促销、演示促销等。三是饭店包价,它是饭店最常用也是最有效的特殊刺激方法,比如:全包旅游和饭店周末包价。

📠 案例导入

圣诞节的礼物

2019年圣诞节期间,福建有一家餐厅设计了一份特别的圣诞礼物:一张装满经典歌曲的车载 CD 音乐碟,作为赠品礼物送给顾客,起到了意想不到的营销效果。

(1)一张成本4元左右的光碟,带动了比平时高于3倍的客流量,销售额直线飙升。

(2)很多顾客为拥有这张设计特别的精美光碟,特意跑来吃饭,甚至吸引了不少周边城市顾客。

(3)光碟可以在车上随时播放,一听到音乐,顾客就立马联想到这家餐厅,给顾客不断加强记忆。

(4)一些顾客自己听还不过瘾,用完餐还买几张带回去送朋友,实现多次传播和二次销售。

从这家餐厅促销礼品的设计,我们看到,送顾客礼品一定要符合三个准则:一是品质好,二是价格低,三是接触率要高!这家餐厅的车载 CD 音乐碟无疑"中"了这三个准则,才取得如此好的营销效果。送车载 CD 音乐光碟做营销礼品的好处有以下几方面。

(1)价格低:一张车载 CD 的价格只有三四元钱,制作却非常精美,一看就是一份非常有心意的礼物。而且,CD 光碟上面可以印上餐厅的品牌、LOGO、订餐电话、二维码,可以时刻提醒顾客:快来我们餐厅吃饭哦!

(2)顾客喜欢:年轻一族大部分都有自己的小车,上下班路上他们最爱做的,就是听着音乐、跟着哼歌。所以,送年轻人什么礼品,能打动他们?送一张车载 CD 音乐光碟,正中他们的需求,年轻人都喜欢。

(3)传播率广、接触率高:只要顾客开车,只要车里有 CD 光碟,只要歌曲好听,开车人都会反复听,餐厅送的光碟就有机会被倾听,还有比这个更好的传播工具吗?如果他正在愁晚上去吃什么,周末聚会到哪里吃,此时不断出现的歌声,是不是就在反复告诉她:我家餐厅欢迎你……

(4)私人定制,餐厅专属:车载 CD 光碟上面印上的餐厅的品牌、LOGO、订餐电话、二维码,像打上了专属标签,给顾客的感觉就是——这个礼物是独一无二的,只有这家餐厅才有!这个光碟的最大特点就是可以私人定制!

(5)和顾客互动的好方式:把这张光碟送给顾客,可以充值送、消费送、猜中歌曲名送、4 人以上用餐送,等等,方式各种各样,一张小小的 CD,可以实现和顾客的多种互动。

四、饭店营业推广的方案

饭店在运用营业推广时必须确定目标,选择适当的营业推广工具,接下来就是制订具体方案。一般来说,一个完整的营业推广促销方案要考虑如下几个方面的内容。

(一)确定推广的规模

营业推广的实质表现为对饭店消费者、中间商和推销人员让利。饭店企业制定具体的推广方案首先要决定刺激的规模,即准备拿出多少费用来进行刺激。另外,推广的规模大小必须结合目标市场的实际情况,并根据推广收入与促销费用之间的效应关系来确定。

(二)确定推广的对象

营业推广的对象,可以是目标市场中的每一个人,也可以是其中一部分,还可以选择某些群体加以刺激,这是对促销目标范围大小的控制。饭店企业应该决定刺激哪些人才能最有效地扩大销售,这将直接影响到最终的促销效果。

(三)确定推广的途径

饭店企业应该明确要选定什么途径(如:广告、新闻稿、广告传单等)向推广对象传递信息,哪一种是最有效的营业推广方式,以此实现推广目标。推广方式不一样,他们对中间商或消费者的影响程度不同,费用大小也不同,必须选择既能节约推广费用,又能收到预期效果的营业推广方式。

(四)确定推广的时机

营业推广的时机要适当,不应过短或过长。推广期过短,由于这个时期内无法实现重复购买,甚至许多潜在购买者还没有购买,很多应获取的利益不能实现;推广期过长,又会引起开支过大和降低刺激购买的力度,给饭店消费者造成长期降价的假象,也无法促使他们立即购买。

(五)确定推广的预算

饭店营业推广是一项较大的支出,必须事先进行筹划预算。预算目的是比较推广的成本与效益。推广费用一般包括管理费用(如印刷费、邮费及宣传费等)和刺激费用(如赠奖费用、折扣费用等)。饭店应该根据财力、物力、人力、产品销售特点和市场动态特点来编制营业推广预算。确定推广预算有两种方法:一是先确定营业推广的公式,然后再预算其总费用;二是在一定时期的促销预算中拨出一定比例用于营业推广。后一种方法较为常用。

五、饭店营业推广的实施与效果评估

饭店企业应为每一种营业推广方式确定具体实施计划。如条件许可,在实施前应进行测试,以求明确所选定方案是否恰当。在具体实施过程中,应把握两个时间因素:一是实施方案之前所需的准备时间;二是从正式推广开始至结束为止的时间。国内外营业推广经验表明,从正式推广开始到大约95%的产品经推广售毕的时间为最佳期限。

效果评估既包括短期效果的评估,也包括长期效果的评估。但在很多情况下,长期效果的衡量,只能采用定性或定量预测的方法来判断估计,而且结果也较粗略。因此,效果评价多侧重于短期效果的评估。目前推广效果评估方法很多,最普遍采用的一种方法是阶段比较法,即把推广之前、推广期间和推广之后的销售情况进行比较,因为短期销售量的变化幅度是衡量饭店营业推广效果的最好依据。还可以采用跟踪调查法,即在推广结束后,了解多少参与者能知道此次营业推广,其看法如何,有多少参与者受益,以及此次推广对参与者今后购买的影响程度等。

第五节　饭店公共关系策略

公共关系的主要功能是沟通信息、协调社会组织与公众之间的关系、扫除相互关系中的障碍、谋求合作和支持。它主要是通过各种现代化的传播手段,及时掌握来自公众的各类信息,使自己不断适应所处的环境,并为制订正确的经营方针和策略提供咨询。同时,通过向公众及时传递各类信息,来赢得社会各方面的理解和支持。

公共关系,作为一种管理概念,在国外已有较长的发展历史。欧美各国将它广泛用于整个社会的各个部门,在经营管理、市场运营、大众传播领域发挥着独特的功能。工商和社会机构普遍设置公共关系协会;不少高等院校开设公共关系专业;国际上也成立了世界公共关系协会和国际公共关系协会。公共关系已越来越受到国际社会的广泛重视和运用。

饭店的营销活动不仅与消费者、供应商、中间商相关,而且还会受到公众的影响。随着市场营销的发展,饭店的促销活动已不局限于直接向顾客提供产品和服务信息进行宣传劝购活动,还力求加强饭店与社会公众的联系,树立饭店形象,从而间接促进饭店市场营销目标的实现。

一、饭店公共关系的含义

所谓公共关系就是形象塑造,公共关系是一个社会组织运用信息双向传播手段,通过长期的、经常的、有计划的努力,在公众中建立良好的形象,赢得公众的理解、信任与合作,开拓内求团结、外求发展局面的一种现代管理活动。由此派生出来的饭店公共关系又有其特殊性,它是指饭店运用信息传播手段,与公众建立起相互了解和信赖的关系,树立良好的饭店形象和信誉,以促进饭店总目标的实现的一种管理职能。

综上所述,饭店公共关系在饭店企业经营中发挥着多方面的功能,它能以低于广告的成本,对公众的认知产生强烈的影响。同时,它也是一种重要的促销工具,通过赢得媒体的有利报道,向饭店企业现有的顾客、潜在顾客以至社会公众传播有关信息,以达到树立饭店企业形象、促进产品或服务销售的目的。

二、饭店公共关系的作用

(一)搜集信息,发挥决策作用

竞争中的市场信息是饭店必不可少的资讯,充分运用公共关系可以为饭店搜集到各种各样对饭店经营活动有用的信息,检测饭店市场环境。饭店可以就饭店的产品形象信息、饭店形象信息、饭店内部公众信息等进行搜集和分析,供饭店的经营活动使用。

在饭店市场营销的工作中,公共关系对饭店经营和管理具有重要作用,为饭店的决策提供各种信息。饭店通过公共关系所获得的各种信息,经过有效的分析、考察后,可以对饭店的经营者提供合理而可行的建议。

(二)创造有力的舆论宣传,树立饭店良好形象

饭店的企业形象是社会公众包括饭店员工心目中对饭店整体的评价。公共关系的根本目的是通过公共关系将饭店的信息及时、准确、有效地传送给特定的公众对象,以取得社会公众的理解和接受,进而赢得信任和支持,为饭店树立优秀的形象提供良好的舆论氛围。因此,饭店公共关系工作要为饭店的发展不断地创造良好的社会和舆论环境,饭店公关人员必须充分发挥公关的积极作用,经常进行市场调查,了解饭店形象在公众心目中的变化,分析公众的心理、意向及其变化趋势,及时做出预测和调整公关策略,使饭店的发展趋势与公众意向相吻合,让酒店良好的形象在公众的心目中经久不衰。

案例导入

海底捞虽然是一家火锅店,它的核心业务却不是餐饮,而是服务。在海底捞,顾客能真正找到"当上帝的感觉",甚至会因为受到非常好的接待而觉得"不好意思",甚至有食客点评:"现在都是平等社会了,这种接待方式让人很不习惯。"如果是在饭点,几乎每家海底捞都是一样的情形——等位区里人声鼎沸,等待的人数几乎与就餐的人数相同,这就是传说中的海底捞等位场景。等待,原本是一个痛苦的过程,海底捞却把这种痛苦变成了一种愉悦:手持号码等待就餐的顾客一边观望屏幕上打出的座位信息,一边接过免费的水果、饮料、零食;如果是一大帮朋友在等待,服务员还会主动送上扑克牌、跳棋之类的桌面游戏供大家打发时间;顾客可以趁等位的时间到餐厅上网区浏览网页,还可以享受免费的美甲、擦皮鞋服务。

即使是提供的免费服务,海底捞一样不含糊。一名食客曾讲述:在大家等待美甲的时候,一个女孩不停地更换指甲颜色,反复折腾了大概5次。一旁的其他顾客都看不下去了,为其服

务的阿姨依旧耐心十足。待客人坐定点餐的时候,围裙、热毛巾已经一一奉送到眼前了。服务员还会细心地为长发的女士递上皮筋和发夹,以免头发垂落到食物里;戴眼镜的客人则会得到擦镜布,以免热气模糊镜片;服务员看到你把手机放在台面上,会不声不响地拿来小塑料袋装好,以防油腻……每隔15分钟,就会有服务员主动更换你面前的热毛巾;如果你带了小孩子,服务员还会帮你喂孩子吃饭,陪他们在儿童天地做游戏;对抽烟的人,他们会递上一个烟嘴,并告知烟焦油有害健康;为了消除口味,海底捞在卫生间中准备了牙膏、牙刷,甚至护肤品;过生日的客人,还会意外得到一些小礼物……如果你点的菜太多,服务员会善意地提醒你已经够吃;随行的人数较少,他们还会建议你点半份。餐后,服务员马上送上口香糖,一路上所有服务员都会向你微笑道别。

一个流传甚广的故事是,一位顾客结完账,临走时随口问了一句:"怎么没有冰激凌?"5分钟后,服务员拿着"可爱多"气喘吁吁地跑回来:"让你们久等了,这是刚从超市买来的。""我只是打了一个喷嚏,服务员就吩咐厨房做了碗姜汤送来,好感动!"很多顾客都曾有过类似的经历。孕妇会得到海底捞的服务员特意赠送的小菜,分量还不小;如果某位顾客特别喜欢店内的免费食物,服务员也会单独打包一份让其带走……这就是海底捞的粉丝们所享受的——"花便宜的钱买到星级服务"的全过程。毫无疑问,这样贴身又贴心的"超级服务",经常会让人流连忘返,一次又一次不自觉地走向这家餐厅。

(三)协调沟通,加强饭店宣传

现代饭店往往是一个开放的系统,不仅内部的各个要素相互联系、相互作用,也需要外部各个环节的交流、沟通,这种协调能使饭店内所有部门的活动同步化、和谐化,并使饭店与环境相适应,使得饭店在健康的环境中经营和发展。如果缺乏协调,就会使饭店在时间、人力、金钱等方面造成浪费,使饭店形象受到损害。

1.协调组织内领导和群众的关系

向领导反映群众的意见和要求,并向职工介绍组织的意见。

2.协调组织内部各部门之间的关系

由领导带头,公关人员起协调作用,加强组织内部各部门之间的联系与沟通。

案例导入

现在的竞争,说到底是人才的竞争。员工素质的不断提高、才干的不断增长是组织的巨大财富,它保证了组织的生机与活力。麦当劳在全世界的连锁分店每年都会举办岗位明星大赛,而且经理必须从普通员工做起,这一方面增长了管理人员的真才实干,另一方面又给了最基层员工实现自身价值的机会。表现好的管理人员还会被送到芝加哥汉堡包大学,系统地学习作为一个经销商或餐厅经理经营餐厅的专门技术知识。麦当劳除了给员工创造更多的深造、晋升的机会外,还很重视在内部建立"麦当劳"大家庭的观念,创造和睦的大家庭氛围。在麦当劳,人员无长幼尊卑之分,所有员工都互称名字;企业会记住每个员工的生日,并根据员工的情况给予一定形式的祝贺。员工在麦当劳有一种不是家庭胜似家庭的归属感,其强大的凝聚力不言自明。另外,麦当劳很重视员工外在形象的塑造。为了吸引顾客,麦当劳让每一位员工都穿上有明显花纹的制服。员工的服务态度也是一流的,只要你推开麦当劳的大门,就会听到亲切的"欢迎光临麦当劳"的问候,笑容始终挂在员工的脸上,让你总有宾至如归的感觉。

(四)引导社会需求

公共关系作为一种重要的促销手段,除了间接地对消费者进行刺激外,由于其具有教育和服务的功能,还可以通过广泛、细致、耐心的教育和引导,诱发社会公众的需求,并实现增加饭店产品销售的目的。

三、饭店公共关系工作的内容

公共关系工作是公关人员为贯彻落实饭店的公共关系思想,运用专业技能而开展的职业活动,其主要内容有以下几个方面。

1.利用新闻媒介扩大饭店的知名度和影响力

这主要是通过广播电视、报纸、杂志以及专家、学者、名人效应传递饭店的经营宗旨、方针、策略的信息,传播饭店和产品的特征和优势,展示饭店和产品的风采,可开展宣传型公共关系活动,宣传饭店和产品的优良形象。饭店如果能利用新闻媒介向公众宣传,就能扩大饭店的影响力,为自己的经营活动铺平道路。有新闻界的充分合作,也是饭店成功的一个重要因素。

2.引导协调与员工之间的关系,做好内部公众的公共关系工作

因为饭店的各项工作最终都是由职工来完成的,搞好与职工的关系,增强企业的凝聚力,是饭店经营成败的关键。同时,饭店要创造一个上下左右关系融洽的工作环境,建立员工主人翁精神并培养员工工作自豪感,使其心情舒畅,个人能力得以充分发挥。为此,饭店要经常开展内部公共关系活动。饭店内部公共关系活动的方式灵活多样,比如:承认和表扬员工工作;给予员工特殊刺激与奖励;开展员工的集体活动;为饭店和员工树立共同目标;对员工的身心给予关怀;可以让员工参与饭店的决策。

3.工作细致,处理顾客投诉

饭店工作人员要注意将工作做细,与顾客保持良好的关系,不要忽视细小的事情,往往就是在细微之处见竞争手段的高低。另外,注意及时排解纠纷,妥善处理顾客的投诉,维护饭店声誉。在饭店的经营过程中,出现各种各样的问题是正常的,关键在于饭店应该怎样以最快的速度、最有效的方法及时排解纠纷,妥善处理好这些问题,清除可能出现的不良影响或将其减小到最低限度。

4.监测社会环境,分析发展趋势

公共关系必须不断地监测社会环境变化,其中包括政策、法令的变化,社会舆论的变化,公众志趣的变化,自然环境的变化,政治、经济形势的变化,市场的变化,等等。同时,公共关系应根据对政策法令、社会民意、时尚潮流等重要外界因素的监测和分析,向饭店预报有重大影响的近期或远期发展趋势,预测重大行动计划可能遇到的社会反应,等等。

饭店有良好的公共关系,就是无形的财富,饭店的好名声会不胫而走,广为传播,乐意来光顾的客人就会越来越多,这样就可提高饭店的经济效益和社会效益。因此,公共关系工作对于现代饭店来说是不可缺少的。

四、饭店公共关系的活动模式

饭店以一定的公关目标和任务为核心,将若干公共媒介与方法有机地结合起来,形成一套具有特定公关职能的工作方法系统,称为公共关系的活动模式。饭店公共关系促销的活动模式随着饭店行业的不断变化也在一直发展,其最基本的模式有以下几种。

(一)宣传型公共关系

这种模式主要是利用各种传播媒介向外传播,目的是直接向社会公众宣传自己,以求最迅速地将饭店内部的消息传播出去,形成有利的社会舆论。

饭店运用报纸、杂志、广播、电视等各种媒介,采用撰写新闻稿、演讲稿、报告等形式,向社会各界传播饭店企业有关信息的公关广告,以提高饭店知名度,树立饭店企业整体形象。宣传型公共关系广告的内容大致上可以包括:饭店的名称、标志设计、反映饭店企业文化的特定口号或典型歌曲,饭店的经营范围和特色,饭店的实力和业绩,饭店的历史和传统,有关饭店活动或事件的主题,与饭店的人物、环境、日常活动有关的图片,饭店对公众的关怀和敬意等。

(二)公益型公共关系

公益型公共关系指饭店利用其自身优势为社会公益活动提供一定服务的公共关系广告。例如,保护环境、社区安全等完全以公益性主题制作的广告,修建公益设施、资助慈善机构、援助受灾的灾民等饭店企业直接参与或配合某项公益事业而做的广告。同时,公益型公共关系还包括为社会提供的公共事务。比如国家有关部门进行防火防盗、保护森林、维护公共秩序、保障行车安全、注意卫生等广告宣传,也属于公益广告范畴。

(三)观念型公共关系

观念型公共关系是通过向消费者灌输或提倡某种观念和意见,试图引导或改变社会公众的看法,影响公众的态度和行为的一种公共关系。其内容可以是宣传饭店企业的宗旨、信念、文化或某项政策,也可以是传播社会潮流的某个倾向或热点。这一类公共关系不仅不直接宣传商品,甚至不直接宣传饭店企业本身,有时仅仅用来对某个问题表明看法和陈述意见,因此也称其为意见型公共关系。这种公共关系常用暗示的方法去触发消费者的联想,在潜移默化中影响其观念和态度。

(四)响应型公共关系

响应型公共关系是用来表示饭店企业与社会各界具有关联性和共同性的一种公共关系。其内容可以是联络感情的,如表达对其他企业、团体、组织等的祝贺、支持和赞许;也可以是社会性的,如响应和支持公众生活中的某一重大主题。这种公共关系一方面显示饭店企业关心、参与公众生活,向公众或其他饭店企业表达善意和好感;另一方面借助于社会主题的影响或借助于对方的传播机会来扩大本饭店企业的影响。

(五)服务型公共关系

服务型公共关系是指饭店企业通过各种针对消费者和社会公众的实惠服务,以行动去获取公众的了解、信任和好评,从而实现以树立企业良好社会形象为目的的公共关系。饭店企业以向顾客提供免费的消费指导、消费培训等多种方式来为社会公众提供服务。

公共关系促销大多不是以直接促进盈利为目的,一般都是通过为公众提供有益的服务,或是施以某种观念的影响,来取得公众对饭店的好感、信任和赞许,从而树立饭店良好的社会形象。

(六)防御性公共关系

这种模式是当饭店与外部环境发生整合上的困难,与公众的关系发生某些摩擦苗头的时候,通过各种调整手段,以适应环境的变化,适应公众的要求,防患于未然。

公共关系应该以防为主,在情况正常的时候,要善于发现问题,预见问题,及早制定出防治措施,才能在公共关系活动中保持主动。例如,上海某酒店在建造时,建筑工地在施工中给附近居民带来不便,于是,酒店和施工队在工地旁竖立了一块很大的告示牌,上面写着:"市建一队在此施工,给您带来了麻烦,请原谅。"此外,施工时还注意做到不在居民的通道堆放建筑材料等,以此博得居民的谅解。因此,以防为主是公共关系处理一切关系失调问题的上策。

五、饭店公共关系的活动策略

公共关系作为一种经营管理艺术,绝不是偶然的和随机的活动,而是在酒店与公众之间的内外交往中,进行有目的、有计划的一种管理行为。因此,公共关系活动要有周详的计划,选择最佳方案,以增强其严密性、条理性和科学性。

所谓公共关系活动策略,指的是实施预定的公共关系项目时所需的技巧。因此,制定公共关系方案既要强调其计划性,又要使活动方案灵活机动,富有新意。

1.制订活动方案时,预测可能有哪些影响因素

在具体进行某一公共关系活动时,往往会受到经费预算、技术细节以及时间、地点、环境、气氛等可控和不可控因素的影响。同时,饭店任何一种公共活动都必须有相应的公关计划来指导,否则,饭店公关活动往往是盲目的进行,结果也难以评估和检查。

2.具体公关项目的执行要选择适当的时机

选择时机对一个良好的公共关系活动方案至关重要,如果错过了有利时机,就不能有效地发挥公共关系的作用。经验丰富的公共关系人员通过事先周密的、全面的计划,抓住一切有利时机,积极主动开展各种公共关系活动,以达到预期的公共关系目标。

3.设计公共关系活动,要把不同的传播渠道结合起来

公关项目的具体实施,从本质上说是一种传播活动,因而,传播渠道的选择也是公共关系活动策略中的一个重要因素。饭店必须根据其公共关系的目的和交流内容,根据饭店主要公众的

行为特点,适当地进行选择:如果宣传饭店的产品特征与优势,说明饭店产品的风格,则应该选择大众传播媒介;如果宣传饭店的经营宗旨和对社会的贡献,则可以采用赞助公益活动的方式。

4.要准备几套不同的活动方案

设计公共关系活动,要研究有无其他方案可以达到同样目的,却又省力、省时、省钱,就是要以最小的投入、最小的资源得到最大效益。

六、饭店公共关系管理的基本流程

(一)设定公共关系目标

公共关系决策的第一项任务是设定明确的公共关系目标。这些目标又被转换成明确的目的,从而能在公共关系管理的评估工作中成为评价的标准。

(二)选择公共关系的信息与工具

饭店宣传人员的第二项任务是要确定其产品是否有重大的新闻可供报道。假设有一所不太著名的大学想要增进社会大众对它的了解,宣传人员应从各个方面来寻求宣传故事。

(三)执行公共关系方案

从事公共关系活动必须非常细心和谨慎,必须设法让新闻故事刊登在媒体上。重大新闻很容易被刊登出来,但是,大多数的故事并非都那么有分量,也就不一定被忙碌的编辑所采用。公关专职人员的主要资产之一是他们与媒体编辑之间所建立的私人关系,公关专职人员应将媒体编辑视为一个市场,并满足其需求。

(四)评估公共关系活动的成果

通常,评估公共关系成果所使用的方法有:目标管理法、个人观察法、舆论调查法、内部外部监察法、新闻调查法等。

阅读材料

酒店公关部门与传媒机构的关系

引用一位酒店职业经理人的话:"我的成功七分得益于酒店,三分得益于媒体。"那么,作为酒店公关部门,应该如何与传媒机构建立良好的公共关系呢?以塑造组织形象为基本目标的公共关系活动,历来被喻为是公关人员应该熟稔的必修课。必须指出,媒体以其传播迅速而广泛的特点,能在广大公众面前建立舆论导向,施加正、负面影响,甚至制造商机或瓦解声誉。所以,媒体对于公众人员来说,具有双重意义:一方面,它是实现公关目标的重要媒介;另一方面,它是公关活动必须努力争取的重要公众。换言之,酒店不仅要获取编辑、记者的好感,而且要凭借编辑、记者获取更多公众的好感。当然,如何同媒体打交道,不仅是一个认识问题,也是一个操作问题。

首先,要认识媒体的重要性。媒体的最大特点是能在同一时间内把某一个信息传播给许多人,以求同时与为数众多的人建立联系或留下印象,因为新闻界在一般人心目中是公众舆论的代表,立场比较客观。通过媒体,公共关系的传播甚至会比组织或企业本身的公关人员向公众直接传播更为有效。北京东三环附近的一座待评五星级酒店,从1999年1月开业至今就不受媒体关注,而且当地所有的新版电话号簿、通信工具书甚至旅游企业要览,都没有收录酒店的条目。一位杂志编辑小张曾同该酒店的公关部联系,想为他们发个开业消息,可是两次电话都被对方经理粗暴挂断。他只听清小张是某杂志编辑,却不想听其有什么话要讲,只草率地答复:"我忙,对不起,就这样。"小张本身出自好意却换来这样的结果,令人不胜感慨,也许该公关经理被媒体的广告部缠烦了,也许他曾受到媒体片面报道的指责,但无论如何,身为酒店公关经理,以自己的情绪来对抗媒体,都是他所代表的酒店的悲哀。

其次,要恰当地认识媒体。作为酒店公关人员,能认识到媒体的重要性,并将其视为对外宣传的重要途径和手段,固然正确,但过分地视媒体为工具,单纯地施舍利用,就有失公平互惠的原则。有的酒店对媒体的态度是:不用时不睬你,用你时就收买,用过了就废你。北京机场附近的一家酒店的公关小姐,平时对媒体态度冷漠。某年中秋节,酒店举办慈善公益活动,邀请孤儿院的孩子来酒店共度佳节,并送学费、文具等礼物。就这项义举,公关部门准备好新闻稿和各新闻媒体联系,可众媒体一致拒绝,说这是酒店沽名钓誉的软性宣传,不交费无法见报,公关部只好作罢。他的外方经理为此大惑不解。酒店与媒体之间的合作应建立在平等互惠的基础上,大家相互支持,如果单纯地视对方为工具,"临渴掘井",是不会有效果的。

最后,善于和媒体打交道。新闻工作的性质需要媒体广交各路朋友,建立通讯联络。而酒店公关部正好可以利用自己作为酒店代言人或对外联络员的身份,同编辑、记者保持经常的接触,建立良好的工作关系和融洽的个人关系,才能保障有畅通的宣传。

酒店公关策划应超前、创新。超前意识和大胆创新是公关工作取得最大成功的重要因素。公关工作人员应当有敏捷的思维,观念和活动都应适当超前。在公关活动的策划中,要富有创造性,产生新、奇、绝的效果。

创新的公关来源于加倍的投入。在酒店的公关中,凡属有创意的事,在策划和实践上,往往要花上两三倍的力气。要去想他人没想到的,做他人没做过的,让社会公众在公关活动中感到有所启迪、有所得益,而本酒店的形象又因之美化而更深入人心。这是公关策划活动的共同宗旨。

复习与思考

一、重点概念

饭店促销　饭店人员促销　饭店广告促销　饭店公共关系促销　饭店营业推广促销

二、思考讨论题

1.简述饭店促销的作用。
2.简述广告的功能。
3.饭店人员促销应具有哪些基本素质?
4.饭店进行营业推广的方案有哪些?
5.简述饭店公共关系的模式。

三、实践题

低价是否会影响收益

饭店业存在的一个怪现象是:一方面,许多酒店为跻身于行业领先地位挖空心思,使出浑身解数,抢占市场;另一方面,一旦企业的优势地位确立,就开始脱离大众消费层,这反过来限制了酒店的市场占有量。放弃最大的消费群——普通老百姓,既给酒店带来了困扰,也暴露出其经营意识的不足。其实,薄利多销并不是酒店业摆脱困境的权宜之计,而应是一个合乎市场规律的战略选择。"上有天堂,下有苏杭",让临近的无锡人失掉了许多机会,纵有美丽多情的太湖水,也还是常被行色匆匆的游客忽略。在客源不太多的情况下,无锡的高档饭店已由过去的4家发展到近30家,竞争之激烈可想而知。而此间一家不久前刚刚试营业的饭店,竟然生意兴隆,第一个月收支基本持平,第二个月已经有了30万元的利润,着实让人惊讶,这就是无锡国际饭店。无锡国际饭店的宴会厅让人真正感受到了什么是门庭若市。每逢节假日,有41张餐桌的大厅必定爆满,1小时内至少有五六张桌子要翻两次台。亲朋相聚、婚庆喜宴、企业宴请,气氛异常热烈。而要在此住宿,遇有会议,就得提前预订了。为什么"国际"这样火?无锡国际饭店董事长谢菊宝先生分析了其中原因。无锡国际饭店在开业之初,决策层分析了无锡酒店业的形势。国际客源有限,老牌的大酒店尚且吃不饱,更何况刚开业的新手。但如果务实一点,国内市场也是大有可为的,但以什么来抢占市场呢?优越的交通、地理位置固然是"国际"可以倚仗的优势,但最根本的要靠什么呢?曾在西藏工作多年后从事房地产业的谢董事长非常务实,他深谙"薄利多销"的经营之道。拿餐饮来说,同等档次的酒店毛利率一般在60%,而"国际"只有40%,但这部分损失被滚雪球似的到来的客人弥补了。"薄利"给"国际"的餐饮带来了良性循环。价位不高(普通市民每月花上薪水的1/7左右到高档酒店享受一次也还承受得起),客人就多了,资金和原材料的周转就快了;原料新鲜、菜品质量有保证,环境、服务较好,"回头客"就多了。如此,靠规模效益,"国际"的餐饮立稳了脚跟。对客户等方面亦采取了相同策略。无锡有名的小天鹅集团,在此举办的洽谈会的费用比在其他饭店节约了近一半。从经营看,第二个月"国际"的营业收入为250万元,餐饮达到150万元。对于自己的优势,无锡国际饭店充满了自信。那么,"薄利多销"会不会引起行业内不良的"削价竞争"呢?谢先生认为:近几年来,盲目竞争造成了一些价格畸形,市场经济中的经营需要实事求是,"薄利"不是"无利",而是价格的回归。"薄利多销"实际上是让利于民,是对"暴利"的一种抵制,对消费者来说是极大的好事。而对整个行业来说,应该起到这样一种作用:让一些经营不好而又不肯放下架子的酒店看到还有另一种赚钱的方法,而对那些有实力的同行而言,"国际"只不过是通过实力用自己的方法经营而已,没必要在经营方式和风格上攀比。"国际"是用房地产的收益来投资,不欠外债,比较轻松。另外,企业和员工有踏实勤奋、不怕吃苦的精神。这也许就是无锡国际饭店的特色。

(资料来源:徐桥猛,李丽.酒店管理经典案例分析[M],广州:广东经济出版社,2007.)

要求:1.如何理解"薄利"是手段,"多销"是目标?

2.评价"薄利多销"与"低价竞争"的本质区别。

3.试评价无锡国际饭店经营成功的因素。

第七章
饭店营销策划管理

策划作为饭店营销的灵魂,主宰着饭店的商业命脉,是饭店营销活动中不可缺少的一个环节。营销策划是饭店根据现有资源的状况,在充分调查、分析营销环境的基础上,激发创意,制定出有目标、可能实现的解决问题的一套策略规划。本章以市场营销理论为基础,以营销活动为导向,以营销策划的程序和营销策划书的编制为主线,系统介绍了营销策划的相关理论知识。

思政目标

★培养学生求真务实的实干精神,树立开拓创新的意识

★引导学生树立正确的营销策划价值观,培养学生成为高素质的营销策划人员

学习目的

◆了解饭店营销策划的含义及原则

◆理解饭店营销策划的程序

◆能够正确地编制营销策划书

案例导入

上海希尔顿饭店情人节营销活动策划

一、主题

浪漫情人节,单身离人节。让单身男女在情人节不再寂寞,给他们一次努力寻找缘分的机会。

二、目标市场定位

至今仍单身的高薪阶层、高级白领,随后向社会中级阶层进一步推广。

三、活动口号

今天情人节,告别单身汉。

四、具体活动

时间:2009 年 2 月 13 日。

1.参与者上午入住饭店,并戴上由饭店独家制作的单身戒指,代表参与者参与这个活动,

同时也发出自己正单身、寻找爱情的信号。

2.中午在室内进行烧烤聚会,参与者自我介绍、互相了解。此时,由女生一一选出心仪对象,完成第一次男女速配。

3.分开活动至晚餐前,配对双方可自由活动,互相了解。游憩地点可以是饭店咖啡厅、康娱中心或是影院等。

4.在饭店酒吧进行晚间的化装舞会。酒吧同时也供应自助餐,参与者盛装出席,凭单身戒指入场,有才艺特长者可借此机会上台"秀"一把,也可以在一旁默默关注、寻觅自己心中的伴侣,同时也是速配成功的男女进一步加强了解的好机会。

5.半夜,向天空放飞爱心状的天灯(孔明灯),双手合十、许下心愿,同时饭店配合燃起烟花。完美的一天顺利结束。

2月14日

1.上午继续进行游艺活动。有"K歌之王"与"背着女友跑"两项比赛活动,优胜者都可以获得饭店提供的免费入住饭店一晚客房,客房标准由优胜者自选。

2.午餐则是简单的自助餐,让参与者在轻松的氛围中继续点燃爱火。

3.午餐过后,由男生选择女生,完成第二次男女速配。

4.由陶艺老师教情侣们动手制作手工陶艺,作为情人节礼物。

5.晚餐前,爱情大告白。

6.配对成功者可继续留下,享受饭店为其提供的情人节大餐,之后可向许愿树许愿,在"天涯海角"的石壁上锁上他们的爱情锁,拍照留念,象征爱情长长久久。配对不成功者则可自行退房离开。

第一节　饭店营销策划的概述

一、饭店营销策划含义

策划一词最早出现在《后汉书·隗嚣传》:"功名终申,策画复得。"其中,"策"意为计谋。"画"通"划",意思为处置、安排。"策画"即"策划",意思是计划、打算。策划指设计、工作计划、筹划、谋划,从本质上说,策划就是管理学上所谓的"计划",即确定组织未来发展目标以及实现目标的方式。营销策划(marketing plan)是根据企业的营销目标,以满足消费者需求和欲望为核心,设计和规划企业产品、服务和创意、价格、渠道、促销,从而实现个人和组织的交换过程。对未来营销发展目标的策划或计划就是所谓的营销战略,而实现营销目标方式的策划就是所谓营销的具体战术的应用。

营销策划随着市场经济的发展而不断扩展、延伸,在营销发展的新思路、新趋势中出现了营销策划。它是在一般市场营销基础上的一门更高层次的艺术,其实际操作性更强。随着市场竞争日益激烈,好的营销策划将成为企业创名牌、迎战市场的决胜利器。

饭店营销策划是指为了使一个饭店有更好的盈利、更好的发展,通过对饭店的市场环境以及相关环境进行科学的分析,并在有效运用经营资源的基础上,制定出来的饭店在一定时期内营销活动的行为方针、战略、目标以及实施方案。简言之,饭店营销策划就是对某一饭店组织或饭店产品进行谋划和构思的一个运筹过程,带有前瞻性、全局性、创新性、系统性。营销策划适合任何一个产品,包括无形的服务,它要求饭店根据市场环境变化和自身资源状况做出相适应的规划,从而提高产品销售、获取利润。营销策划的内容包含市场细分、产品创新、营销战略设计、营销组合战术等四个方面的内容。

具体来说,营销策划的基本思想如下。

其一,营销策划是解决营销过程中某一领域、某一问题的创意思维。营销策划的灵魂是创意思维。创意思维的科学性决定了营销策划的有效性。

其二,营销策划是从营销方案的构思、实施到评价的一整套规范程序和科学方法的综合运用。策划人员必须进行科学分析、判断、推理、预测、构思、设计、传播、交流、反馈、评价等工作。

其三,营销策划是企业决策者与策划者共同寻找最佳的市场机会,实施创新职能。策划者要学会利用各种新思维、新方法制造"轰动效应",以确定科学实施方案,扩大市场影响,塑造消费者认可的形象。

其四,营销策划突出营销策略策划(strategic marketing planning),包括市场策略、产品策略、价格策略、渠道策略等方面,以在现有资源、现有市场、现有营销目标的基础上,扩大市场份额。

其五,营销策划是营销管理活动的核心,是将科学构想与创新融入营销活动的每一个环节和每一个营销执行者,使营销策划思想成为企业经营管理活动的指导思想,使营销策划目标成为饭店经营管理活动的目标。

二、饭店营销策划的主要内容

在一般人的眼里,营销策划就是创意策划或者促销活动的策划。事实上,营销策划的内容要广得多,可以说,所有市场营销管理活动所产生的结果就是一种策划方案,如产品或服务策划、渠道策划、广告策划和促销策划等。从策划科学的层面来说,策划其实是一个集收集、分析、控制、反馈、决策等多项工作于一体的综合性的系统工程,其所采用的方法也就是系统分析与设计的方法。

从总体上讲,营销策划的主要内容就是设计一整套有关饭店营销的未来方案或行动措施,这些方案或措施要涵盖饭店营销活动的各个环节和方面。具体而言,其内容主要有以下几个方面。

(一)有关饭店营销信息的搜集和分析

信息是策划的基础,没有真实的、丰富的饭店营销信息作为依据,营销策划方案很可能是脱离具体饭店营销实际的。这里的营销信息主要包括对具体饭店所处的大营销环境的信息,饭店所具有的营销能力的信息等。

(二)市场细分,确定目标市场的策划

随着饭店业竞争的日益激烈化,饭店市场进一步细分,饭店业从传统的商务型、会议型、度

假型、公寓型到现在进一步细化为主题饭店、精品饭店、经济型饭店、产权式饭店等,顾客的需求也呈快速变化的趋势。对于同一档次的饭店,不同的顾客有不同的消费关注点,如有人关注价格,有人关注服务,有人关注功能,有人关注地点,有人关注品牌等。所以,任何饭店都不可能满足所有顾客的需求,这就需要饭店进行市场细分和目标市场的策划,以使其能最有效地占领市场和吸引消费者。

(三)市场竞争战略与市场发展战略的策划

在现代市场经济中,饭店间的竞争已越来越激烈。饭店要想在这种激烈的竞争中取胜,在选定了目标市场之后,还要根据这一目标市场的竞争情况及本饭店在竞争结构中所处的地位(即是处于市场领先者地位,还是处于挑战者地位,抑或是处于市场追随者地位),迅速策划符合本饭店实际的市场竞争战略和市场发展战略。

(四)产品策划

对一个饭店来说,没有高质量的客房或餐饮产品,饭店就失去了赖以生存和发展的基础。没有好的产品,定价策划、营销渠道及促销策划等都很难进行,因为策划不能违背不损害消费者权益的原则。因此,饭店通过提高餐饮、客房的产品质量,再借助各种节日,进行产品策划。

(五)定价策划

产品定价是饭店营销组合中一项非常敏感的内容。在饭店营销活动中,价格是能产生收入的唯一因素,而其他因素皆表现为成本。定价是否合理,不仅影响饭店暂时能实现多少利润,更重要的是还会影响饭店在市场中的形象以及饭店能否最终在市场竞争中获得大的市场份额。由此可以看出,定价需要认真策划。科学定价是整个营销策划中最有生命力的部分,它既是定价策略的选择,也是定价策划艺术最直接的表现。

(六)销售渠道策划

销售渠道也称为分销渠道、分配渠道或营销渠道。它是指某种产品从生产者向消费者转移过程中所经过的一切取得所有权的商业组织和个人。对销售渠道的策划,重点是打破单一的、一成不变的分销形式,要根据饭店及市场营销实际,灵活采取"广泛分销"策略、"选择性分销"策略和"专营性分销"策略。一个饭店在某一个特定时期,在某一个特定地区,宜采取何种分销渠道,饭店要进行动态分销渠道的策划。

(七)促销策划

促销是促进销售的简称,具体是指饭店将有关饭店及其产品信息通过各种方式传递给消费者,促进其了解、依赖本饭店产品,激发其欲望和兴趣,以推销产品和品牌形象,吸引消费者购买的一种营销活动。促销活动主要是通过广告、公关、人员推销和营业推广四种方式来进行的。促销活动通过突出本饭店及产品的特点,向消费者传递信息,激发、引导消费者的需求,对巩固和扩大饭店的市场份额等方面都具有极大的作用。

三、策划的一般程序及原则

营销策划是一项极其复杂的特殊决策活动。好的营销方案的设计,绝非是靠某人心血来潮、拍拍脑袋就能产生出来的,而必须要严格地按照策划程序来进行。此外,策划不是设计陷阱和圈套,策划的方案一定是有利于饭店产品的销售而不是有害于产品的销售,这就要求营销策划要遵循其必要的原则。

(一)饭店营销策划的一般程序

营销策划程序并不存在一个标准的模式,但对其全部操作过程进行分析,可将程序分为具有上下逻辑联系的三个阶段。

第一阶段:问题识别。这一阶段的重心是确定问题所在,提出策划的目标。其主要工作是对有关营销信息进行搜集、分析和营销目标的初步设立。

第二阶段:诊断阶段。这一阶段的核心任务是对前面所提出的各种方案进行逐个论证、分析。

第三阶段:方案选择。这一阶段的主要任务是从各种可能的方案中选出最合适的方案。

(二)饭店营销策划的原则

1.目标性原则

目标明确是营销策划的关键。在营销策划中,目标是首要的、关键的问题,没有明确的目标,就谈不上整个策划活动的开展。好的营销策划目标,必须有利于企业整体经营目标的实现。

2.信息性原则

当今世界已进入了信息时代,信息已成为饭店资源的一部分。营销策划就是这一特殊资源的充分利用,缺乏信息的营销策划很可能是失败的策划。

3.战略性原则

饭店营销策划不是对营销活动的某一个小环节或某一个具体事情进行安排、处理,它必须要站在饭店经营的战略高度对饭店营销整个活动进行系统的、全方位的、具有远见性的策划,营销策划一旦完成,就会成为饭店相当长一段时间的营销方针,饭店的每一位营销人员,包括主管人员,都必须严格执行,贯彻到底。

4.系统性原则

营销策划必须要站在饭店全局经营的高度来设计与实施,表现为:①营销策划的具体目标必须与饭店自身的资源特点相一致。②营销策划方案的资源配置方式必须与饭店自身的资源特点相一致。

5.创新性原则

饭店营销策划一定要创新,不创新就没有特色,没有特色就没有生命力。正如彼得·德鲁克曾经说过的那样,管理最基本的两项职能就是营销和创新。而对营销策划来说,其最本质的要求就是要具有创新性,攻击对手于不备之中。俗话说,无规矩不成方圆,营销策划过程也要遵循一定的"规矩",也就是上面提到的科学分析方法,但是,在科学分析的基础上,应追求创新性。营销策划创新主要是对营销策略的创新和营销理念的创新。

6. 灵活性原则

古人云:"时移则势异,势异则情变,情变则法不同"。实践证明,策划不能一成不变,要有灵活性。所谓灵活就是随机应变,就是要在策划过程中及时准确地掌握策划的目标、对象及其环境变化的信息,以动态的调研预测为依据,调整策划目标并修正策划方案。饭店营销策划从本质上来说就是一种营销计划。

7. 可行性原则

饭店营销策划所设计出的方案是饭店必须要具体实施的,如果方案很抽象、弹性很大,或者是脱离现实,可能性太远,目标太理想化,都会导致方案无法实施或实施失败。

8. 效益性原则

如果进行营销策划后,饭店营销的成本与利润的比率比不进行策划还高,营销策划就失去了意义。饭店进行营销策划,必须要注重以最小的投入产生最大的收益,或者是投入大但收益要更大;否则,宁可不策划。

四、饭店营销策划的作用

随着饭店经营观念由原来的生产观念、产品观念和销售观念向营销观念的逐渐转变,营销策划在饭店经营中也越来越占有重要的地位。营销策划对饭店经营的诸多重要影响主要表现在以下几点。

(一)营销策划可以大大提高饭店的环境适应力

策划活动不仅表现为适应市场的一种能力,而且表现为一种创造力,即能够营造一种和谐的市场环境,在顾客和社会公众中塑造一种良好的社会形象。从饭店策划活动看,保持饭店与市场的适应性是策划活动的重要任务,因为饭店只有在市场竞争中才能求得生存和发展,但被动的市场活动不是有效的策划活动。有效的策划活动是一种能动地适应市场的活动。一方面,要根据变化了的市场情况适时调整饭店的竞争战略和经营方式,恰当地采用营销手段,使饭店服务能够适应变化了的市场要求;另一方面,要努力营造一个良好的市场氛围,妥善处理各种市场冲突,协调好与顾客(用户)、供应者、股东、政府、新闻媒体、竞争者、社区及社会公众的关系,把扩大销售、增加利润、承担社会责任有机统一起来,树立良好的社会形象。

(二)营销策划能够强化饭店的核心竞争力

核心竞争力的形成,依靠的是饭店的综合素质,其中包括饭店的营销策划力。在诸如市场调查、产品设计、市场开拓、营业推广等许多环节中,起关键作用的常常是策划。没有科学的策划,就没有可信的调查,就没有过硬的产品,也就没有市场占有率。

(三)提高饭店经营决策水平,避免经营活动的盲目性,减少经营失误

实行科学的营销策划,可以使饭店对市场中众多的复杂因素进行了解、分析与预测,在策划方案中充分利用有利因素,避免、克服不利因素的影响,进而使饭店尽可能多地抓住机遇、回避风险,以此将饭店经营决策水平提高到一个新的高度。

(四)促使饭店积极创新,增强饭店竞争活力

一个饭店如果根本不重视营销策划,只是在老的经营思路与理念框架内打圈,势必会墨守成规,故步自封,或碰到新的问题一筹莫展,无计可施。当一个饭店把科学的营销策划摆到"生命线"的位置时,它在设计竞争方案时就可能深谋远虑,独具匠心,就可能要考虑到饭店内部的配套改革问题,这样的方案常以创新作为其显著特征。

(五)使饭店的经营不断适应快速发展的科技进步和市场变化情况

当今世界,科学技术的发展突飞猛进,顾客对饭店的要求越来越高,导致经营难度越来越大。饭店实行科学的营销策划,可以使饭店紧随科学技术与市场发展的步伐,及时开发新产品、新服务项目,并对时间、成本、质量、销售环节进行严格的控制。这样,饭店就不会因科学技术进步和市场的快速变化而落伍。

(六)有利于饭店在经营管理过程中坚持"以人为本"的经营理念,自觉开展全方位的企业文化建设

现阶段的市场竞争已由产品竞争、战略业务竞争转到了饭店形象竞争方面,而形象中最重要的是人的形象,所以,饭店要把塑造具有新的精神风貌的"人"放在经营管理的首位。管理与营销活动不能见物不见人。实行营销策划可以促进饭店既重视服务质量,又重视"现代人"的培养;既重视饭店产品的推销,又重视饭店形象(包括人员价值观)的推销,从而完成管理和竞争观念上的又一次飞跃。

(七)有利于饭店经营人才的培养

饭店的竞争在很大程度上是人才的竞争。重视营销策划的饭店,一方面要重用高素质人才,唯其如此,营销策划才能顺利地展开;另一方面,长期坚持科学的营销策划,又会极大地促进有关人员包括经营者的素质的进一步提高。这样,就形成了重视人才、培养人才、锻炼人才的良性循环。

五、饭店营销策划的基本要素

饭店营销策划一般由策划者、策划目标、策划对象、策划方案四个基本要素构成。策划者是饭店策划活动和饭店策划系统的创造主体,在饭店策划几个要素中居首要位置;策划目标是饭店策划的动力和指南,目的在于明确"策划什么""策划到什么程度""取得什么样的策划效果"等问题;策划对象,可以是饭店组织,也可以是一个部门,或者一个产品、一件事情;策划方

案是策划思想的一种物化,但因策划活动的角度不同,策划水平和标准不一,策划方案会风格各异。不管怎么说,策划是一项复杂的系统工程,并不是几个要素的简单堆积,因此,在策划活动中有机协调和优化整合相关要素显得十分重要。

六、饭店营销策划必须注意的几个事项

(1)策划前,必须对被策划对象所处的内、外市场环境进行全面调研。

(2)成功的经营策划,必须运用现代大市场营销观念,加以全方位的思考,充分利用和挖掘社会资源,提炼、加工、创造出社会高度关注的主题。

(3)再好的策划,脱离了上级和群众的理解和支持,也是难以实施的,因此,策划在实施前必须赢得广泛的理解和支持,而且在实施过程中,应有计划、有步骤、有组织地进行。

(4)每次策划方案实施后应及时总结,为以后的策划积累经验。

第二节 饭店营销策划的程序

饭店营销策划程序是根据策划本身的规律和需要处理的事务,并综合它们之间的内在逻辑关系而确定的最基本、最常见的程序。饭店营销策划的程序如下。

一、建立饭店营销策划组织机构

饭店通常设立公关销售部来具体负责饭店的营销工作,因此,一个营销项目会由销售部牵头来组织。策划项目的组织机构由策划总监、主策划人、方案执稿人、电脑操作人员、美术设计人员组成。

营销策划组织机构设置的原则如下。

(1)明确组织,指挥系统的原则。

(2)统一命令,分层管理的原则。

(3)合理分工,利于沟通的原则。

(4)精简高效,减少成本的原则。

(5)适度弹性,灵活应变的原则。

二、明确策划目标

明确策划目标是指要对本营销策划所要达到的目标和宗旨树立明确的观点,并作为执行本策划的动力或强调其执行的意义所在,以便要求全员统一思想,协调行动,共同努力,保证策划高质量地完成。饭店进行营销策划有不同的目标,常见的有以下几点。

(1)维持生存。

(2)获取当前最高利润。

(3)提高市场占有率。

(4)获取策划的优异质量。

三、分析营销现状

俗话说:"知己知彼,百战不殆。"首先,我们要深刻认识和熟知自己饭店的经营情况,包括产品、价格、销售渠道和促销方式,也就是我们常说的营销"4P"理论;同时,对同类产品市场状况、竞争状况及宏观环境有一个清醒的认识。它为制订相应的营销策略,采取正确的营销手段提供依据。

(一)掌握饭店现状

1.了解市场形势

目前正值中国饭店行业大变革、大发展的时代。在当前经济形势下认识局势,掌控方向,对饭店行业所受到的影响和未来的发展态势予以翔实的剖析,无论是对中国饭店行业的长远发展,还是对饭店行业在具体工作中的突破,都具有积极的指导作用。具体应该通过对国际及国内政治经济形势、本地经济未来发展状况、本地饭店市场成长状况、本地饭店的接待容量、本地饭店的平均出租率、未来新增饭店的数量与质量等因素进行分析,以此来了解市场的形势,以便通过营销策划来扬长避短,发挥饭店优势,规避各种市场风险。

2.了解饭店产品情况

了解饭店产品情况可以通过对各有关部门进行访谈,听取他们对市场的看法和评价;制订有针对性的问卷,并请各部门的有关人员进行填写。了解的内容包括:饭店产品目前处于生命周期的哪一阶段,对于不同市场阶段的产品,饭店营销侧重点如何,相应的营销策略效果怎样,需求变化对产品市场的影响,有形设施和无形服务是否符合市场需求。比如国外媒体分析未来的餐旅业、商业旅游、会议餐旅、政府团体会议将会增多,那么,面对市场这一变化,作为饭店,就必须分析自身的硬件设施是否具备了召开国际大型商会的场所标准;是否可以提供现代化的会议厅,现代通信设备与电脑信息系统是否完备等;为了满足客人的享受心理,饭店提供的无形服务是否为星级服务。根据对现有情况的分析,饭店可以确定需要改建和增加的具体项目。

3.了解竞争形势

了解竞争形势应充分了解和深入分析饭店的主要竞争对手,从中找出与对方的差距在哪里,有哪些共同点,哪些是饭店占主导优势的,而又有哪些地方是其相对较弱势的。在顾客没有做出选择之前,饭店要化被动为主动,在竞争中方能占据有利位置。只有充分认识、了解到自身和业内主要竞争对手后,饭店才能在营销策划中游刃有余。因此,在做策划之前,掌握饭店自身的产品和价格特征以及了解主要竞争对手的优劣至关重要。

4.了解渠道情况

了解渠道情况包括应了解饭店目前销售渠道状况如何,对销售渠道的拓展有何计划,采取了哪些优惠政策调动中间商、代理商的销售积极性或制定了哪些适当的奖励政策;饭店销售人员是否具有销售能力,销售渠道是否正确,竞争对手与其销售能力是否很强大。通过这样的分析能看出饭店的不足之处。

5. 了解宏观环境

了解宏观环境主要是对影响产品的不可控因素进行分析,包括政治环境、居民经济条件(如消费者收入水平、消费结构的变化、消费心理)等。

(二)收集市场信息

所有市场营销活动都是以信息为基础而展开的,经营者进行决策也是基于各种信息,而且外部信息和对将来的预测信息越全面准确,经营决策水平越高。其中的市场营销信息形成了饭店的战略性经营信息系统的基础。

营销活动要收集与饭店的营销策划有关的各种信息资料,这些信息资料将成为进行系统分析与设计的重要依据,它们包括:宏观经济形势、政策与法律环境、目标市场特征、消费者需求特点、市场需求走向、市场竞争状况和饭店自身的特点等。在这个过程当中,最重要的就是要对各种信息资料进行加工处理。要充分利用现代化的媒体手段,以科学原理为指导,大量收集信息资料,并透过现象、去粗取精、去伪存真、由表及里地对其进行分析研究,最终得到需要的资料。对这些信息资料收集完毕后,要以报告书的形式进行总结汇报,成为饭店营销策划活动的重要依据。

信息来源,一是饭店内部,二是饭店外部。饭店内部的信息包括会计记录、统计记录、业务记录、饭店的计划和总结、饭店的营销策略、市场预测决策资料和饭店的经济活动分析资料等。饭店外部的信息包括政府机关有关经济活动的政策和法令、政府发布的经济公报、城市经济信息中心、公共企事业单位以及同行企业信息、科学技术部门的信息等。

市场信息可分为原始资料和二手资料两种。大部分市场营销调研方案需要收集原始资料,收集原始资料的费用虽大,但比较准确、实用。二手资料是指某处已存放的信息资料或为另一目的已收集的信息,研究人员通常首先借助二手资料来开展调研,看是否可达到目标,如果可以,就能省去收集原始资料的费用,从而降低成本、提高效率。因此,一个优秀的调研人员应该善于利用二手资料来达到目的。只有在现有的二手资料已过时、不准确、不完整甚至不可靠的情况下,才花较多的费用和时间去收集原始资料。二手资料的来源包括内部来源、政府刊物、报刊书籍和商业资料等。内部来源包括饭店的报表、总结资料、销售数字、销售访问报告、发票、库存记录和以前的研究报告;政府刊物包括《中国统计年鉴》《中国经济年鉴》以及各省、市的统计年鉴和经济年鉴;报刊书籍包括国内外报刊索引以及有关市场营销杂志、图书等。

(三)分析市场

1. 市场分析内容

市场分析内容主要包括三个方面:第一,饭店产品的市场性、现实市场及潜在市场状况。第二,市场成长状况,产品目前处于市场生命周期的哪一阶段,对于不同市场阶段的产品,饭店营销侧重点如何,相应营销策略效果怎样,需求变化对产品市场的影响如何。第三,消费者的接受度。这一内容需要策划者凭借已拿回的资料分析产品市场发展前景。任何营销活动的策划都应以顾客的需求为导向,只有充分地了解客人的消费需求之后,饭店才能更好地、有针对性地采取不同的营销策略,才能更好地做好目标市场的分析。每个客人的消费习惯都不一样,饭店要满足不同类型的客人、不同的消费需求,这时才能使客人的消费动机转化为消费行为,才能稳定饭店客源。饭店提供的服务和现有的营销策略是否能满足客人的所有需求,如果不能,怎样才能使客人满足呢? 可以根据顾客的消费需求和习惯,将其进行合理的分类管理,将目标市场准确定位。这将为饭店制订营销计划提供可靠的依据,也是饭店在激烈的市场竞争中立于不败之地的前提和保障。

2.市场分析方法

SWOT 分析法又称为态势分析法,其可以分为两部分:第一部分为 SW,主要用来分析内部条件;第二部分为 OT,主要用来分析外部条件。利用这种方法可以从中找出对自己有利的、值得发扬的因素,以及对自己不利的、要避开的东西,发现存在的问题,找出解决办法,并明确以后的发展方向。根据这个分析,问题可以按轻重缓急分类,明确哪些是目前急需解决的问题,哪些是可以稍微拖后一点儿的事情;哪些属于战略目标上的障碍,哪些属于战术上的问题,将这些研究对象列举出来,依照矩阵形式排列,然后用系统分析的思想,把各种因素相互匹配起来加以分析,从中得出一系列相应的结论,而结论通常带有一定的决策性,有利于领导者和管理者做出较正确的决策和规划。

SWOT 分析法常常被用于制定集团发展战略和分析竞争对手情况,在战略分析中,它是最常用的方法之一。进行 SWOT 分析时,主要有以下几个方面的内容。

(1)环境因素分析:运用各种调查研究方法,分析出饭店所处的各种环境因素,即外部环境因素和内部环境因素。外部环境因素包括机会因素和威胁因素,它们是外部环境对饭店的发展直接有影响的有利和不利因素,属于客观因素;内部环境因素包括优势因素和劣势因素,它们是饭店在其发展中自身存在的积极和消极因素,属主动因素,在调查分析这些因素时,不仅要考虑到历史与现状,更要考虑未来发展问题。

(2)机会与威胁分析:机会是组织机构的外部因素,具体包括新产品、新市场、新需求、外国市场壁垒解除、竞争对手失误等。威胁,也是组织机构的外部因素,具体包括新的竞争对手、替代产品增多、市场紧缩、行业政策变化、经济衰退、客户偏好改变、突发事件等。

(3)优势与劣势分析:从问题中找出劣势予以克服。从优势中找出机会,发掘其市场潜力。分析各目标市场或根据消费群体的特点进行市场细分,对不同的消费需求尽量予以满足,抓住主要消费群体作为营销重点,找出与竞争对手的差距,把握利用好市场机会。

优势,是组织机构的内部因素,具体包括有利的竞争态势、充足的财政来源、良好的企业形象、技术力量、规模经济、产品质量、市场份额、成本优势、广告攻势等。

劣势,也是组织机构的内部因素,具体包括设备老化、管理混乱、关键技术缺少、研究开发落后、资金短缺、经营不善、产品积压、竞争力差等。

四、提出具体创意

(一)创意策划的内涵

创意即创新、创造或创造物。创意作为策划的专业性词汇,可以理解为形象设计、广告艺术创作、市场营销技巧以及现代文化娱乐活动等创作中的构思。创意策划是指通过非凡的构思来体现策划的战略目标。创意，就是刻意创新、灵活多变、不受约束。因此，创意是没有固定形式的，创意的精髓就是"巧"。

（二）营销策划创意的方法

1.移植创意法

移植创意法是指将某一领域的原理、方法、技术或构思移植到另一领域而形成新创意的方法。它是人们思维领域的一种嫁接现象。

2.改良创意法

改良创意法是将符合自身营销策划目的的、已经公开的信息，进行修改、提升、加工，从而转化为新的策划创意。这种方法简便而实用。由于这一方法是以现成的情报或策划案加上或减掉一些内容而提出的，因此，这些情报和原策划方案应是公开的、允许采用的，如果未经对方允许则不应该使用。比如，饭店的各种节日策划方案，就可以在其他饭店已有的方案的基础上做某些改变、取长补短、推陈出新，做出本饭店的新的策划案，集中加强某方面的特色，这样同样可以产生新的策划创意。

3.分解创意法

分解创意法就是把一个整体的策划过程分解成若干个步骤或相对独立的策划子过程，或把一个整体的策划内容分解成若干个相对独立的策划子内容。

4.组合创意法

组合创意法就是将积累的各种信息进行有机组合而产生新的创意。例如，要制订一个新产品市场开发的策划方案，可以从以下各种渠道的信息组合中得到启示，产生新的创意。如专业图书、杂志、企业刊物、剪报，有关市场开发成功的策划方案、活动方案、建议方案，有关专家、学者、研究人员拥有的市场开发知识与情报，国内外同行或其他业界所拥有的关于市场开发的策划与情报等。

5.模仿创意法

模仿创意法是指通过模拟仿制已知事物来创意构造未知事物的方法。模仿创意法又分为仿生创意法和仿形创意法。仿生创意法是指被模仿的已知事物是我们熟知的某种生物，据此进行模仿创意的方法。仿形创意法是指仅仅模仿已知事物的形状而进行模仿创意的方法。

6.转换创意法

转换创意法就是转换、制造或寻找更加有利于策划行为展开的外界背景，使策划行为效果更加显著的创意方法。

7.联想创意法

联想创意法是由此及彼的扩散性思维创意方式。把联想转化为创意进而成为策划方案是较常用的方法。例如，处于南方的饭店进行圣诞大餐促销的策划，为了满足客人白色圣诞的愿望则可以展开"联想":圣诞树上铺着白色的雪,天花板上时时飘下雪花,让客人一边吃着大餐一边产生美丽的遐想等。

8.逆向创意法

逆向创意法是指按常规思维去解决问题而不见效时,反其道而行之,进行逆向思维以获得意想不到的效果的策划创意方法。逆向创意法实际上是一种顺着原有思路的相反方向进行思考的创意方式。使用逆向创意法常常能获得新奇的策划创意。

9.激荡创意法

激荡创意法是一种刺激大脑、激发思考能力而产生创意的方法。大脑的功能在于思考,这种功能的发挥,只有不断训练才能达到最佳状态,如果安逸懈怠,思考能力就会下降。因此,应经常保持用脑习惯,使自己的思路向各种方向扩展,不断提高用脑能力。激荡创意法还常常用于多人一起相互启发、激发思维火花,以达到思潮澎湃、创意涌动的境界。

五、制定策划方案

(一)设计方案

1.准备阶段

准备阶段的主要工作是为方案的正式设计进行信息准备。所有的调研信息都是以文字、表格或图像的形式予以载录的,它必须转录到策划人的头脑之中,才能最终被利用。

2.酝酿阶段

经过准备阶段的信息、知识和经验准备后,就进入了方案的酝酿阶段。酝酿阶段是借助于信息、知识和经验,在大脑中构想各种可能方案,然后对这些方案进行自我表现考证和自我表现否定的过程。

3.明朗阶段

各种方案经过比较后,各自的优点和缺点逐渐明朗,从中选择符合饭店实际、比较可行的方案,并将此方案进一步具体化。

4.论证阶段

(1)经验判断:是借助已有经验对已设计好的方案进行的主观评估。一是直接经验判断,这是借助于自身经历的各种直接营销事实来对营销方案进行直接的评估。这种评估的可靠性取决于评估人自身的直接经验丰富程度。直接经验越丰富,评估就越准确,否则就不准确。因此,那些经常从事营销策划和营销操作的营销大师们,常常能一眼判断出方案的可行性和不可行性。二是间接经验判断,这是借助自身所掌握的他人的营销事实,来对营销方案进行直接的评估。

(2)逻辑推理:逻辑推理是借助于原理,对需要论证的方案进行恰当的推演,以此来判断方案的可行性。逻辑推理的方式也有很多,但在方案评估中通常采用类比推理法,主要是依据其他类似的成功方案来推论目前正在讨论的方案。采用类比推理时,要对类比原型和类比新型的前提条件进行比较分析,只有当两者基本类似时,这种推论才有科学性;否则,就会差之毫厘,谬以千里。

(3)专家论证:专家论证是方案论证中用得最多的一种方法。它是将营销方案交给有丰富营销知识和经验的专家进行论证,借助于专家的知识、经验来判断方案的可行性。

(4)选点试行:有些营销方案,由于涉及面较大、投入多,除了采用上述方式进行论证外,还应当在一定范围内进行试运行,借助试运行的反馈结果来确认方案的可行性。选点时,既不能选择非常近似于方案实施的局部市场,也不能选择非常不近似于方案实施的局部市场,应当选择最能代表目标市场特点的局部市场,这样才可以保证试验具有可推广性。

(二)方案优化

方案优化主要是对以下各项内容加以明确:营销目标、实现营销目标所需要的条件、营销战略与战术、营销方案策划的步骤与时间、营销方案策划的人员与经费、营销策划方案的效果与评估、营销策划方案实施的附加条件等。

(三)确定进程

行动方案应注意时间性。各项任务何时开始、何时结束,都要十分具体,应有行动日程表。

(四)经费预算

营销策划的经费预算是企业综合预算的重要内容,是调节和控制经营活动的重要工具,也是营销策划方案顺利实施的具体保障,是营销策划组织的一个重要环节。经费预算应尽可能详尽周密,各项费用应尽可能细化,尽可能真实反映策划方案实施的投入大小,力争将各项费用控制在最低限度,以求获得最优的经济效益。

六、搜集营销策划方案

一项策划,虽然有可能仅仅存在于策划人自己的脑中而不为其他人所知,但是,就大多数策划而言,它们最终要表现为策划书的形式。这是因为,一项策划方案从最初的构想到逐步完善、付诸实施,常常不再是个人的力量所能完成的,需要各方面的协调配合。策划书作为策划方案的物质载体,是策划的文字化。它使策划人的策划为他人所知、所接受,使策划思想一步步地变成现实。

七、制定实施细则

完整的营销方案包括主题、内容、地点、时间、缘由、目的、策略、预算、具体执行人等,让人看了这个方案之后脑海中就可以呈现出整个活动的画面。饭店包括各部门该做什么、什么时间去做,职责任务划分到部门、班组及个人,只有这样才能够更好地将具体工作付诸实施。而每一次的活动,唯有塑造出饭店的亮点才能够真正打造出卖点,这样才能在真正意义上达到活动的预期目的。

当策划方案经过论证认为可行时,就可以将其转变为具体的营销行动,即进行方案实施。这其中要把握两个问题。

(一)全面贯彻

既然历尽艰辛才策划出一个方案,就应当全面贯彻,不得随意更改。一个好的方案必须要有好的行动来落实,经常有好的方案而未取得一流的效果,就是由于贯彻无力所致。设计一个好的方案已属不易,如果仅因贯彻不到位而前功尽弃,不仅令人遗憾,还将成为新的损失。

常规活动至少要提前一周开始做宣传推广,保证在活动开始之前宣传到位。根据活动的内容、规模、大小及性质,我们可以采取不同的宣传途径和推广渠道。总体来说,宣传推广工作分为店内和店外,在活动开始之前达到广而告之的效果。店内主要集中在饭店大堂的指示牌、灯箱广告、电子显示屏、宣传单张(手册)等,而店外主要集中在报纸、杂志、电视、广播、户外广告牌等媒体为主的推广宣传方式。怎样选择合适的媒体?各占多少比率?广告的视听率与接触率有多少?这都是需要饭店营销人员之前就要进行调查和分析了解的,只有这样才能保证投放的媒体广告能够真正达到效果。当然,每个饭店都应根据自身的实际情况,合理地安排活动的宣传推广,宣传推广的成本比例要与活动的整个产出协调,避免由于广告过剩造成不必要的浪费。

(二)反馈调节

任何营销策划方案在实施过程中,都可能出现与现实情况不相适应的地方,因此,在贯彻实施方案时,必须随时根据市场的反馈情况对方案进行及时调整。在营销方案实践中经常会发现,一个非常普通的营销方案,却取得了非常优秀的营销效果,这就是方案在实施中紧跟市场,进行合适调整,充分遵循了市场运行规律的结果。

八、控制和应急措施

在这一阶段,营销策划人员的任务是为经过效益预测感到满意的战略和行动方案构思有关的控制和应急措施。设计控制措施的目的是便于操作时对计划的执行过程、进度进行管理。典型的做法是把目标、任务和预算按月或季度分开,使饭店及有关部门能够及时了解各个时期的销售实绩,找出未完成任务的部门、环节,并限期做出解释和提出改进意见。设计应急措施的目的是事先充分考虑到可能出现的各种困难,防患于未然,可以简明扼要地列举出最有可能发生的某些不利情况,指出有关部门、人员应当采取的对策。

饭店市场营销策划控制,不同于营销方案本身,它既不是对营销活动未来目标的设计,也不是对营销活动结果的考评,而是对营销活动现状的把握,即控制对象是现实营销活动过程本身,其特点是营销策划方案控制与营销活动的开展同时、同步运动。从一定意义上讲,营销策划方案控制,实际上是对企业营销活动过程所实施的同步管理,是由系列调控行为组成的动态过程。

九、实施效果测评

活动的最终效果无非就是看饭店是否产生了社会效益和经济效益,而在活动过程中做好跟踪分析则是一个有效控制的方法。首先,我们必须要明确跟踪评估的活动内容主要包括哪些方面,找到发现问题的直接切入点:活动是否已经真正启动,达到预期的效果? 是否有效地进行了活动宣传推广? 活动是否激发了宾客的需求欲望,从而有效地引导公众产生购买行为,提高了饭店的市场占有率? 这些都是对活动进行跟踪分析时所需考虑的内容。通过对正在进行的活动即时跟踪分析,可以在肯定活动进展是否顺利的同时,及时发现活动实施过程中的不足,并根据相应的情况进行即时的调整,这样不仅可以保证活动的正常进行,更加能够提升活动的效果与质量。

"用数据说话"主要是指针对经营类活动以数据的形式进行统计,以活动期间对应的营业部门收入数据为依托,通过历届活动或往年的同期数据进行分析对比,是否达到了经济效益便一目了然。根据活动的性质差异,我们要检查和考评的活动效果方式也各有差异。作为饭店营销活动,其主要目的还是以产生经济效益为主导方向。当然,任何活动的举行都是具有一定的影响力的,从另一个角度来说这个活动是否达到了社会效益,给宾客留下了怎样的印象,这些都是饭店必须要考虑的,可以通过员工参与调查、宾客信息反馈、营销代表拜访、大堂副理的关注等,深入了解宾客对活动的意见和看法。既要总结成功的方法也要查找失败的原因、总结经验,为下一次活动的营销策划做好充分的准备。

当方案实施后,就应当对其效果进行跟踪测评。一是采取进行性测评。进行性测评就是在方案实施过程中进行的阶段性测评,其测评目的是了解前一阶段方案实施的效果并为下一阶段更好地实施提供反馈指导。二是终结性测评。终结性测评是在方案实施完结后进行的总结性测评,其测评的目的是要了解整个方案的实施效果,为以后制订营销方案提供有效依据。

第三节 饭店营销策划书的编制

策划书是营销策划的反映。营销策划是针对某一类客户开发和某一产品营销而制订的规划,它的任务是为朦胧的"将来时"渐变为有序的"现在进行时"提供行动指南,由此而形成的营销策划方案则是饭店开展市场营销活动的蓝本。

一、饭店营销策划方案

(一)饭店营销策划方案的概念

饭店营销策划方案是饭店在进行产品或服务的市场销售之前,为使销售达到预期目标而进行的各种销售促进活动的整体性策划文书。

(二)营销策划书编制的原则

为了提高策划书撰写的准确性与科学性,应首先把握其编制的几个主要原则。

1. 逻辑思维原则

策划的目的在于解决企业营销中的问题,按照逻辑性思维的构想来编制策划书。首先是设定情况,交代策划背景,分析产品市场现状,再把策划中心目的全盘托出;其次进行具体策划内容详细阐述;三是明确提出解决问题的对策。

2. 简洁朴实原则

营销策划书要注意突出重点,抓住企业营销中所要解决的核心问题,深入分析、提出可行的相应对策,针对性强,具有实际操作指导意义。

3. 可操作性原则

编制的策划书是要用于指导营销活动,其指导性涉及营销活动中的每个人的工作及各环节关系的处理,因此其可操作性非常重要。不能操作的方案即使创意再好也无任何价值。方案不易于操作也必然要耗费大量的人、财、物,管理复杂,显效低。

4. 创意新颖原则

营销策划书要求策划的"点子"(创意)新、内容新,表现手法也要新,给人以全新的感受。新颖的创意是策划书的核心内容。

(三)特点

营销策划方案必须具备鲜明的目的性、明显的综合性、强烈的针对性、突出的可操作性、确切的明了性等特点,即体现"围绕主题、目的明确、深入细致、周到具体、一事一策、简易明了"的要求。

(四)营销策划书的基本内容

策划书没有一成不变的格式,它依据产品或营销活动的不同要求,在策划的内容与编制格式上也有变化。但是,从营销策划活动一般规律来看,其中有些要素是共同的,因此,可以明确营销策划书的一些基本内容及编制格式。策划书的封面可提供以下信息:①策划书的名称;②被策划的客户;③策划机构或策划人的名称;④策划完成日期及本策划适用时间段。因为营销策划具有一定的时间性,不同时间段市场的状况不同,营销执行效果也不一样。

(五)结构模式

1. 种类

饭店市场营销策划方案因其策划的对象不同,可分为开业营销策划方案、节日营销策划方案、市场调查策划方案、产品推介策划方案、品牌营销策划方案等。

2. 结构

营销策划方案的基本结构如下。

1)第一部分:营销策划方案封面

(1)在这部分内容中,策划者需分项简要概述以下内容:营销策划的全称,基本格式是:××饭店关于××××营销策划书。

(2)营销策划的部门与策划人:营销策划:××饭店××部门,主策划人:×××、×××、×××。

（3）营销策划的时间：×年×月×日。

2）第二部分：营销策划主题和项目介绍

根据不同的营销策划对象（即营销策划项目），拟定各自所应围绕的主题。营销策划主题是整个营销策划的基石和内核，是营销策划的基本准绳。在阐述营销策划主题的基础上，要对策划的项目情况做一简要的介绍，包括项目的背景、项目的概况、项目的进展、项目的发展趋势等。

3）第三部分：营销策划分析

营销策划分析可以是逐项分类分析，也可以做综合分析，视策划的具体情况来定。

（1）项目市场分析：包括宏观环境状况、项目市场状况、同行市场状况等。

宏观环境状况主要包括宏观经济形势、宏观经济政策、金融货币政策、资本市场走势、资金市场情况等。

项目市场状况主要包括现有产品或服务的市场销售情况和市场需求情况、客户对饭店新产品或服务的潜在需求、市场占有份额、市场容量、市场拓展空间等。

同行市场状况主要包括同行的机构、同行的目标市场、同行的竞争手段、同行的营销方式、同行进入市场的可能与程度等。

各种不同的营销策划所需的市场分析资料是不完全相同的，要根据营销策划需要去搜集并在营销策划中简要说明。

（2）基本问题分析：包括营销策划所面临的问题和所要解决的问题，这些问题的生成原因是什么？其中主要原因有哪些？解决这些问题的基本思路如何确定，出发点是什么？通过何种途径，采取什么方式解决等。

（3）主要优势、劣势、条件分析。

主要优势分析：围绕营销策划主题，将要开展某一方面的市场营销活动（如市场调查新产品开发、市场促销、广告宣传等）拥有哪些方面的优势，主要是自身优势（即自身的强项）分析，也应考虑外部的一些有利因素。营销策划就是要利用好有利因素，发挥出自身优势。分析优势应冷静客观，既不能"过"，也不能"不及"，要实事求是。

主要劣势分析：主要劣势分析就是分析与将要开展的市场营销活动相关联的外部一些不利因素和自身的弱项、短处等。营销策划就是要避免和化解这些不利因素，如何弥补自身的不足，避开自身的弱项。

主要条件分析：主要条件分析就是分析将要开展的市场营销活动所需要的条件，包括已具备的条件和尚须创造的条件，逐一列出，逐一分析，以求得资源的最佳利用与组合。

4）第四部分：营销策划目标

不同项目的营销策划，有各自不同的营销策划目标，而营销策划目标大多由一些具体的指标所组成。拟订营销策划目标，要实事求是，经过努力能够达到。

5）第五部分：营销执行方案（即保障措施）

制订营销执行方案，是营销策划的重头戏，是对市场营销活动各个环节、各个方面工作的精心设计、周密安排和逐一布置与落实，是营销活动组织、开展的脚本。

制订营销执行方案应考虑以下问题：①理顺本次营销活动所涉及的各种关系；②把握本次营销活动的重点和难点；③确定本次营销活动应采取的策略。

二、市场营销策划书撰写大纲

(一)执行概要和要领

执行概要和要领包括商标、定价、重要促销手段、目标市场等。

(二)目前营销状况

1.市场状况

目前的产品市场、规模、广告宣传、市场价格、利润空间等。

2.产品状况

目前市场上的品种、特点、价格、包装等。

3.竞争状况

目前市场上的主要竞争对手与其基本情况。

4.其他

分销状况、销售渠道等,包括宏观环境状况、消费群体与需求状况。

(三)SWOT分析

1.优势

销售、经济、技术、管理、政策等方面的优势。

2.劣势

销售、经济、技术、管理、政策(如行业管制等政策限制)等方面的劣势。

3.机会

市场机会与把握情况。

4.威胁

市场竞争上的最大威胁与风险因素。

综上所述,营销应扬长避短,发挥自己的优势,规避劣势与风险。

(四)目标

1.财务目标

撰写财务目标,如表7-1所示。

表7-1 饭店未来5年的销售收入预测(融资成功情况下)

(单位:万元)

年份	第一年	第二年	第三年	第四年	第五年
销售收入					
市场份额					

2.营销目标

销售成本毛利率达到多少。

(五)营销战略

1.目标市场

选择饭店最熟悉、最有优势的顾客群作为目标市场。

2.定位

明确饭店在目标顾客心目中的位置和形象。

3.产品线

饭店现有的产品结构情况,是否需要做出调整。

4.定价

产品销售成本的构成及销售价格制订的依据等。

5.分销

分销渠道(包括代理渠道等)。

6.销售队伍

组建销售队伍与制定激励机制等情况。

7.服务

对客服务质量、投诉情况及处理、客史档案、回头客情况等。

8.广告

宣传广告形式。

9.促销

促销方式。

10.市场调研

主要市场调研手段与举措。

(六)行动方案

营销战略计划内容确定后,必须规定详细的行动方案,就是活动程序。在活动程序中,具体内容主要为:要做什么作业,何时开始,何时完成,其中的个别作业为多少天,个别作业的关联性怎样,在何地、需要何种方式的协助,需要什么样的布置,要建立什么样的组织机构,由谁来负责,实施怎样的奖惩制度,需要哪些资源,各项作业收支预算为多少等。

(七)预计的损益表及其他重要财务规划表

损益表是反映企业在一定时期内(月份、年度)经营成果(利润或亏损)的报表。利用损益表,可以评价一个企业的经营成果和投资效率,分析企业的盈利能力及未来一定时期的盈利趋势。损益表属动态报表,如表7-2所示。

表 7 - 2 损益表

编制酒店：　　　　　　　　　年　月　　　　　　　　　　单位:元

项目	栏次	本月数	本年累计数
一、营业收入：	1		
减:营业折扣	2		
店内签单招待	3		
营业净收入（＝1－2－3）	4		
减:营业成本	5		
二、营业毛利:（＝4－5）	6		
减:营业税金及附加:	7		
三、主营业务利润:（＝6－7）	8		
减:营业费用	9		
管理费用	10		
财务费用	11		
四、营业利润:（＝8－9－10－11）	12		
加:营业外收支净额	13		
五、利润总额:（＝12＋13）	14		

管理费用明细		营业费用明细（一）		营业费用明细（二）		财务费用明细	
办公费		权利金		前厅办公费		利息收入	
水电费		营销金		运杂费		银行手续费	
电信费		折旧及摊销		洗涤费		合计	
交通费		房租及物业		服装费			
差旅费		工资		维修费			
培训费		其中:管理组		广告费		营业外收支明细	
应酬费		服务组		其中:媒体			
社保费		奖金		礼品、海报		收入：	
品尝费		其中:管理组		设备购置		泔水及废品	
证照办理		服务组		花草卫生费		客留及客赔	
其他		职工餐		神秘顾客		结算尾款	
		福利费		其他		盘盈现金	
		其中:工伤				其他	
		员工宿舍费用					
		电信费					
		水费				支出：	
		电费				投诉赔偿	
		燃料费				报废原料	
		物料消耗				危机事项	
		其中:清洁剂				罚款	
		纸巾				其他	
合计		餐厨具		合计		净额	

(八)风险控制:风险来源与控制方法

制定饭店营销策划的最后一个步骤是跟踪计划的进展过程。这是完成和提供继续执行计划的依据。风险控制是指风险管理者采取各种措施和方法,消灭或减少风险事件发生的各种可能性,或风险控制者减少风险事件发生时造成的损失。风险控制的四种基本方法是:风险回避、损失控制、风险转移和风险自留。

1. 风险回避

风险回避指考虑影响预定目标达成的诸多风险因素,结合决策者自身的风险偏好性和风险承受能力,从而做出的中止、放弃或调整、改变某种决策方案的风险处理方式。

2. 损失控制

损失控制不是放弃风险,而是制定计划和采取措施降低损失的可能性或者是减少实际损失。控制的阶段包括事前、事中和事后三个阶段。事前控制的目的主要是为了降低损失的概率,事中和事后的控制主要是为了减少实际发生的损失。

3. 风险转移

风险转移是指通过合同或非合同的方式将风险转嫁给另一个人或单位的一种风险处理方式。风险转移是对风险造成的损失的承担者的转移,在国际货物买卖中具体是指原由卖方承担的货物的风险在某个时候改归买方承担。在当事人没有约定的情况下,风险转移的主要问题是风险在何时由卖方转移给买方。

4. 风险自留

风险自留是指项目风险保留在风险管理主体内部,通过采取内部控制措施等来化解风险或者对这些保留下来的项目风险不采取任何措施。风险自留与其他风险对策的根本区别在于:它不改变项目风险的客观性质,既不改变项目风险的发生概率,也不改变项目风险潜在损失的严重性。

作为管理者要采取各种措施减小风险事件发生的可能性,或者把可能的损失控制在一定的范围内,以避免在风险事件发生时带来难以承担的损失。

阅读材料

酒店年度营销策划

根据目前情况,酒店首先树立"以市场为先导,以销售为龙头"的思想;为了更好地开展销售工作,酒店制订了营销方案、市场推广计划,并在工作中逐步实施。

第一部分　目标任务

(1)客房目标任务　　万元/年

(2)餐饮目标任务　　万元/年。

(3)起止时间　自××年××月—××年××月。

第二部分 形势分析

一、市场形势

(1)20××年全市酒店客房10000余间,预计今年还会有1～2个酒店相继开业。

(2)竞争形势会相当激烈,"僧多粥少"的现象不会有明显改善,削价竞争仍会持续。

(3)今年与本店竞争团队市场的酒店有××大酒店、××酒店、××宾馆等。

(4)与本店竞争散客市场的有××大酒店、××酒店、××宾馆等。

(5)预测新酒店相继开业,团队竞争更加激烈;散客市场仍保持平衡;会议市场潜力很大。

二、竞争优、劣势

(1)三星级酒店地理位置好。

(2)老三星级酒店知名度高、客房品种齐全。

(3)餐饮、会务设施齐全。

(4)四周高星级酒店包围,酒店设施设备虽翻新,但与周围酒店相比还是有差距。

第三部分 市场定位

作为市内中档旅游商务型酒店,充分发挥酒店地理位置优势,餐饮、会务设施优势,瞄准中层次消费群体:①国内标准团队;②境外旅游团队;③中档的商务散客;④各型会议。

一、客源市场分类

(1)团队 本省旅行社及省外、境外旅行社(中国的北京、上海、广东及东南亚国家、日、韩等)。

(2)散客 首先是本市及周边地区,还有北京、上海、广州等大城市的商务公司。

(3)会议 政府各职能部门,驻点企、事业机构及市内各商务公司。

二、销售季节划分

(1)旺季 1、2、3、4、5、10、11、12月份(其中有黄金周月份:10、2、5三个月)

(2)平季 7、8月份。

(3)淡季 6、9月份。

三、旅行社分类

1.按团量大小分成A、B、C三类

(1)A类 省中旅、××国旅、××旅行社等

(2)B类 ××旅行社、××旅、××国旅等。

(3)C类 其他。

按不同分类制定不同旅行社团队价格:稳定A类客户,逐步提高A类价格;大力发展B类、C类客户,扩大B、C类比例。

2.境外团旅行社

(1)马来西亚东南亚市场 地接社、××国旅。

(2)新加坡 ××国旅。

(3)韩国市场 热带浪漫度假之旅地接社,××国旅。

3.确定重点合作的旅行社

××国旅、××假日、××商务等。

第四部分 不同季节营销策略

根据淡旺季不同月份、各黄金周制定不同的价格,月日团队、散客比例,每天营业收入,月度完成任务及各月份工作重点。

一、旺季:1、2、3、4、5、10、11、12月份

20××年1月(31天)、3月(31天)、4月(30天),20××年11月(30天)、12月(31天)。①每天团队与散客预定比例:6:4。②房价。团队价:110元/间,散客平均价:180元/间。③月平均开房率:90%,即161间/日。④每日收入。团队9666元,散客10948元。⑤五个月(153天)总收入:315.3942万元,月平均:63.0788万元。

(一)各月工作重点

1.20××年1月份

(1)加强对春节市场调查,制订春节促销方案和春节团、散客预订。

(2)加强会务促销。

(3)加强商务促销和协议签订。

(4)加强婚宴促销。

2.20××年3月份

(1)加强会务、商务客人促销。

(2)加强婚宴促销。

(3)"五一"黄金周——客房销售:3月中下旬完成促销及接待方案。

3.20××年4月份

(1)加强会务、商务客人促销。

(2)加强婚宴促销。

(3)加强对"五一"节市场调查,制订"五一"节促销方案和"五一"节团、散预订。

(4)制订"母亲节"活动方案并促销:母亲节(五月第二个星期天)以"献给母亲的爱"为主题,进行餐、房组合销售。

4.20××年11月、12月份

(1)加强对春节市场调查。

(2)加强会务促销。

(3)加强商务促销和协议签订。

(4)加强婚宴促销。

(二)"十一"黄金周:全部七天

1.营销策略

(1)2、3、4、5日,团队:散客=6:4;房价,团队:160元/间,散客:280元/间;开房率:95%,即170间/日;每日收入,团队:16320元,散客:19040元。

(2)1、6日,团队:散客=7:3;房价,团队:120元/间,散客:220元/间;开房率:90%,即

161 间/日;每日收入,团队:13524 元,散客:10626 元。

(3)7 日,团队∶散客＝7∶3;房价,团队:100 元/间(含双早),散客:160 元/间;开房率:80％,即 143 间/日;每日收入,团队:10010 元,散客:6864 元。

(4)黄金周收入:20.67 万元。

当月余下 24 日收入:49.4736 万元,预订比例:团队∶散客＝6∶4;房价,团队:100 元/间,散客均价:170 元/间;开房率:90％,即 161 间/日;每日收入,团队:9666 元,散客:10948 元。

本月总收入:70.1436 万元。

2.本月工作重点

(1)加强会议促销。

(2)加强婚宴促销。

(3)加强商务促销和协议签订。

(4)同餐饮部拟订圣诞节促销方案。圣诞节——圣诞大餐。10 月下旬餐饮部、销售部完成制作圣诞菜单、广告宣传促销、抽奖游戏设计方案及环境布置方案,各项工作逐步开展。

(5)春节、元宵节、情人节:

①餐饮部 10 月下旬完成制作方案。

②销售部、餐饮部 10 月下旬完成广告宣传促销方案及环境布置方案,由于春节、元宵节、情人节时间相近,可贯穿起来设计。

(三)春节黄金周:全部七天

1.营销策略

(1)2、3、4、5 日,团队∶散客＝5∶5;房价,团队:180 元/间,散客:280 元/间;开房率:98％,即 175 间/日;每日收入,团队:15750 元,散客:24500 元。

(2)1、6 日,团队∶散客＝6∶4;房价,团队:150 元/间,散客:220 元/间;开房率:92％,即 165 间/日;每日收入,团队:14850 元,散客:14520 元。

(3)7 日,团队∶散客＝7∶3;房价,团队:100 元/间(含双早),散客:160 元/间;开房率:80％,即 143 间/日;每日收入,团队:10010 元,散客:6864 元。

(4)黄金周收入:23.6614 万元。

当月余下 21 日收入:43.2894 万元;预订比例:团队∶散客＝6∶4;房价,团队:100 元/间,散客均价:170 元/间;开房率:90％,即 161 间/日;每日收入,团队:9666 元,散客 10948 元。

本月总收入:66.9508 万元。

2.本月工作重点

(1)加强会议促销。

(2)加强婚宴促销。

(3)加强"三八节"活动促销。

(四)20××年 5 月份(31 天)

1.五一黄金周:全部七天

(1)2、3、4、5 日,团队∶散客＝6∶4;房价,团队:150 元/间,散客:260 元/间;开房率:90％,即 161 间/日;每日收入,团队:14490 元,散客:16744 元。

（2）1、6日，团队：散客＝7：3；房价，团队，120元/间，散客：220元/间；开房率：90％，即161间/日；每日收入，团队：13524元，散客：10626元。

（3）7日，团队：散客＝7：3；房价，团队：110元/间（含双早），散客：160元/间；开房率：80％，即143间/日；每日收入，团队：11011元，散客：6864元。

（4）黄金周收入：19.1111万元。

当月余下24日收入：49.4736万元；预订比例，团队：散客＝6：4；房价，团队：100元/间，散客：170元/间；开房率：90％，即161间/日；每日收入，团队：9666元，散客：10948元。

本月总收入：68.5847万元。

2.本月工作重点

（1）加强对六月份市场调查。"六一"儿童节以"享受亲情、欢乐无限"为主题，推出儿童欢乐节餐、娱组合销售。父亲节（六月第三个星期天）以"父亲也需要关怀"为主题，进行餐、房组合销售。

（2）加强"六一"儿童节、父亲节活动促销。

（3）加强商务促销。

二、平季（7、8月份）

（一）营销策略

20××年7月（31天），20××年8月（31天）。预订比例，团队：散客＝7：3；房价，团队：90元/间，散客均价：160元/间；开房率：85％，即152间/日；每日收入，团队：9576元，散客：7296元。两个月（62天）总收入：104.6064万元，月平均：52.3032万。

（二）各月工作重点

1.7月份

（1）加强暑期师生活动促销，加强商务散客促销。

（2）"制订学生谢师宴"方案、中秋节活动方案和促销活动：7月中旬餐饮部完成菜谱方案，销售部完成广告宣传促销方案，各项工作逐步开展。

（3）中秋节：月饼促销。7月中下旬餐饮部完成制作方案，销售部完成广告宣传促销方案，各项工作逐步开展。

2.8月份

（1）加强暑期师生活动促销。

（2）加强"学生谢师宴"促销。

（3）加强商务散客促销，制订出9月份团、散用房与月饼奖励促销方案。

（4）国庆节客房、节后婚宴：8月下旬餐饮部完成圣诞节菜单方案，餐饮、销售部完成接待及促销方案。

三、淡季（6、9月份）

（一）营销策略

20××年6月（30天），20××年9月（30天）。预订比例，团队：散客＝7：3；房价，团队：80元/间，散客均价：150元/间；总开房率：70％，即125间/日；每日收入，团队：7000元，散客：5625元。两个月（60天）总收入：75.75万元，月平均：37.875万元。

（二）各月工作重点

1.6月份

(1)加强对"高考房"市场调查。

(2)加强暑期师生活动促销。

(3)加强商务促销。

2.9月份

(1)加强会务促销。

(2)加强商务促销。

(3)加强对国庆节市场调查,制订国庆节促销方案和国庆节的团、散预订。

(4)制订"圣诞节"活动方案。

四、预算全年客房营业收入

年平均开房率:86.065%。每日可供租房数:179间,计划每日出租房数:154间(其中:团队96间/日,散客58间/日);平均房价,团队:100元/间,散客:165.8元/间;每天收入,团队:0.96万元,散客:0.9617万元。

五、会务设施和其他代理收入

会务设施和其他代理收入18.5703万元。

第五部分　争取客源

一、销售部

1.旅行社客源

(1)把价格作为杠杆,在旺季追求利润最大化,在淡季时追求高的出租率,吸引各社团队。

(2)稳住本市的主要大社,寻访广东、上海、北京各地的旅行社,和国内主要游览地的旅行社合作,力争成为指定酒店,他们的客源是酒店生存的基本客源。旅行社客源市场的开发主要以价格为杠杆,而价格是竞争对手最容易做到的。怎样在同等的价格或稍高的价格情况下保证较高的开房率,那就必须与旅行社计调部人员维持良好的合作伙伴关系。

(3)积极寻找港澳各地旅行社合作和其他地区旅行社团体客源。

(4)推出"年价团队房"(一年一个价)。

(5)为扩大餐饮消费,团队要求含早餐、正餐。

(6)加强日本团、韩国团、会议团等促销。

2.会务客源促销

(1)促销时间:上半年1—4月,下半年10—12月。

(2)促销对象:①政府各职能部门;②本地商务公司;③市外商务公司。

(3)以本市企业单位为客源重点,并建立外地酒店联盟对接会务。

(4)建全代理制,组织省内外会务客源。策划一些企业经济类的学术研讨、培训班会议和事业单位的会议。

3.散客客源

散客市场客源的开发是酒店客房追求的最主要的客源市场,要在有限的房数下提高入住率,散客比例的改变是根本途径。在开拓散客市场时,重点是海口市场,其次是海口岛内其他县市,从战备方向上来讲最后的重点移向广东、上海和北京等地。

(1)参加行业的连锁服务网,加强与各企事业单位的联系,稳定现有客户,大力开发新客户,本地市场客户要逐一登门拜访。

(2)针对散客,客房、餐饮捆绑销售,客户在酒店住房,可同时在餐饮、娱乐方面享受不同程度的优惠。

(3)根据不同客人的需求,设计多种套餐(包价),含客房、餐饮。

(4)大力发展长住客户;制定内部员工合理的客房提成奖励制度。

(5)扩大司机拉客量,对出租车司机促销。健全中介差价规定和订房差价提差方法。

(6)开辟网上订房,加强网络促销,扩大网络订房中心的订房。

二、餐饮部

(1)增加餐饮品种和特色菜,降低价格,提高质量。

(2)举办"美食节",举办中西餐培训班。

(3)根据节庆推出相应的团圆宴、长寿宴、婚庆宴等。

(4)开展有奖销售活动,如福寿宴、良缘宴,赠送客房,免费接送,赠送小礼品、鲜花,在报刊刊登祝贺广告,电视台、电台开启送歌活动。

(5)增加旅行社指定用餐、给导游折扣,增加团队自点餐和风味餐消费(每天前台都给餐饮部提供一份导游姓名和房号单,以便销售部和餐饮部联系)。

三、内部消费链建立

通过内外促销宣传链完成内部消费链。

1.外部宣传和促销

(1)市内外新闻媒体全面合作,除正常的广告播放和栏目的合作,也要抓住时机策划和炒作一些临时性的新闻报道宣传,提高酒店的知名度和美誉度。

(2)交通工具上的宣传,如:飞机上的介绍和代理订房业务,临近市县豪华巴士的宣传和代理订房业务。

(3)人员促销、交易会促销、信函促销、旅行社宣传等,通过以上方法和其他宣传促销网,把客人吸引进来。

2.内部宣传网

客人进店后要促成消费,就必须把每项服务介绍给他们,这样就需要建立内部宣传网。自客人走进酒店的大厅开始,就能了解酒店的基本设施情况(制作总体设施灯箱和图片);走进电梯,又能进一步看到酒店餐饮及娱乐设施的宣传海报。

3.内部消费链的促成

通过内部交叉宣传网将内部各营业部吸引客人的方法介绍给客人,并制作赠送住房折扣卡等,完成内部消费链。

四、提高回头率

通过促销,把客人引进来,留住客人,提高回头率是最关键的,只有留住客人,让客人满意才能提高回头率(当然指在准确的价格定位的前提下),才能提高存量,只有积累,才会有存量的增加,才能保证相对稳定和较高的开房率。留住客人的手段除了硬件配套设施外,还有软件(包括服务、餐饮出品质量、其他营业部门高标准的服务),同时还可以采用一些赠送和让利——推行"住房消费积分卡":住房或消费达到一定的金额,享受赠送房,凭此卡享受优惠折扣,住房达到一定数量后,凭卡可申请 VIP 金卡、银卡,赠送娱乐消费。

五、改变客源结构

通过市场分析,除留住客人外,改变客源结构是提高效益的重要手段。首选改变团队结构,再是改变团散比例。

1.改变团队结构,提高团队房价

首先增加合作旅行社(中小社),不求每社单量,但求积少成多(中小社因量相对较小,价格相对较高)。其次,提高旅行社接团档次,提高开房客人档次,减少对客房物品的损耗,增加入住后的潜在消费。采用交替更换的方法,达到提高团队房价的目的。

2.改变团散比例

改变团散比例是指散客市场开拓客源稳定增加的情况下,降低团队接待量,力争在一年内达到散、团各占50%,这是除营业指标外的另一个重要指标,也是酒店后期发展的根本途径。

六、增收节流,强化管理

(1)建立健全团、散下单程序、复查程序,公开旅游、车、票等代理价格,堵塞销售漏洞。

(2)进一步强化销售员工培训,提高员工素质、业务水平。

(3)调配部门层级设置,定岗定编,降低销售成本。

(4)目标考核,制定内、外激励机制,调动全部员工积极性。

第六部分　激励方案

一、销售部

1.目标考核指标

按方案中淡、旺季各月任务标准执行。

2.工资发放

(1)总监、经理(助理):50%保底,30%按完成部门目标比例发放,20%按酒店完成目标任务比例发放。每月扣除,半年总评,完成任务补发。

(2)部门员工:按工资总额50%保底,50%浮动(按当月部门完成任务比例发放)。每月扣除,半年总评,完成任务补发。

3.超额完成任务

按超出比例×工资总额奖励,当月兑现超出部分奖金。

4.给散客销售代表房价提成奖励

(1)每天散客开房数:按方案中标准执行。

(2)散客房达到160元/间或以上奖励:5元/间(给散客销售代表4元,部门1元),当月兑现奖金。

(3)为了便于对代表考核,凡协议单位、销售部下单散客,均计入散客任务和提成(总公司客人计入任务,但不计提成)。

以此给全部员工压力,也给动力。

5.给旅行社计调团队用房倒扣

(1)按当月酒店定团队价给旅行社计调部倒扣五间以上1元/间,散客:5元/间(为了在淡、旺季同等的价格或稍高的价格情况下保证较高的开房率,对计调部人员进行公关)。

(2)为防止漏洞,确保倒扣促销费到位,由财务部办理空银行卡、销售部安排两人以上进行记名派发,每月底由销售部统计各社用房数,财务部核对。次月10日前转账至各社银行卡。

6.销售部编制6人

(1)总监1人。

(2)助理1人(负责旅行社团队业务)。

(3)主管2人(负责商务、会务散客)。

(4)文员1人(负责日常工作、网络订房销售业务)。

(5)美工1人。

7.销售费用

通信、交通、招待、办公等费用可按财务现行标准执行;但总监、总经理的个人交通、通信费有明确标准。各项宣传促销费用按促销方案提前制订方案。

二、前厅部

1.目标考核指标

15万元/月(在客房销售总任务之内)。

2.工资发放

(1)经理(助理):50%保底,30%按完成部门目标比例发放,20%按酒店完成目标任务比例发放。每月扣除,半年总评,完成任务补发。

(2)部门员工:按工资总额50%保底,50%浮动(按当月部门完成任务比例发放)。每月扣除,半年总评,完成任务补发。

3.超额完成任务

按超出比例×工资总额奖励,当月兑现超出部分奖金。

4.给散客高价房提成奖励

(1)每间普标散客房价达到180元/间、豪标200元/间、套房350元/间以上部分,50%奖励,其中给当班人(组)40%,部门10%,当月兑现奖金。

(2)为了便于考核,除协议单位、销售部下单散客外,均计入前厅部散客任务和提成。

三、餐饮部

1.目标考核指标

40万元/月。

2.工资发放

(1)经理(助理):50%保底,30%按完成部门目标比例发放,20%按酒店完成目标任务比例发放。每月扣除,半年总评,完成任务补发。

(2)部门员工:按工资总额50%保底,50%浮动(按当月部门完成任务比例发放)。每月扣除,半年总评,完成任务补发。

3.超额完成任务

按超出比例×工资总额奖励,当月兑现超出部分奖金。

4.成本节约奖励

餐饮成本在财务规定的比例以下节约部分的 50％ 奖励,其中给当班人(组 40％,部门 10％),当月兑现奖金。

说明:

(1)提高散客房价、入住率,降低开房率。

(2)各项活动、会务促销方案,活动卖点只能在提前 45 天左右制订方案才会有实际意义。

(3)餐饮销售方案由餐饮部另制定详细方案。

复习与思考

一、重点概念

饭店营销策划　饭店渠道策划　饭店营销策划方案　饭店营销策划程序

二、思考讨论题

1.简述营销策划的方法、程序。

2.饭店营销策划书如何编写?

三、实践题

1.学生分组为某一指定的饭店做春节营销策划方案,并做现场演示。

2.学生分组为某一指定的酒店做中秋节营销策划方案,并做现场演示。

第八章
饭店营销预算

营销预算是饭店经营预算的重要组成部分,直接关系饭店营运的效率和效益,其重要性不言而喻。任何一个负责饭店营销事务的最高管理者都会花相当多的时间和精力去审核、评估、最终确定提交给饭店最高管理层的年度营销预算,在预算通过审查后,对该预算内容承担直接责任。饭店营销预算是饭店市场营销部门预先制定的各项收入、支出的计划。它是饭店营销计划的数据部分,与饭店其他部门预算共同构成饭店营销预算。营销预算直接影响饭店的营销工作能否顺利开展以及成果如何。那么,饭店营销预算一般包括哪些基本内容? 该如何编制营销预算? 如果在饭店运营过程中,营销实际与预算出现偏差,该怎样调整呢?

思政目标

★帮助学生树立正确的价值观和道德观

★提升学生的职业道德水平

学习目的

◆了解饭店营销预算的作用,编制营销预算应考虑的因素

◆掌握饭店营销预算的构成、预算的格式、预算的编制方法

◆熟悉饭店运营中预算偏差的调整方法

案例导入

美国某酒店 2015 年数字营销预算计划

某酒店决定将 OTA(online travel agent,在线旅游)整合到全面分销策略当中,同时将49％的营销预算转向数字营销,目标是拉动直接在线预订量的增长。数字营销预算集中在三个主要方面:①核心数字营销活动;②业务需求拉动的数字营销活动;③资本投资、咨询和运营活动,包括网站的重新设计和升级、日常的网站运营、营销活动管理和专业拓展。数字营销具体预算比例分配见表 8-1。

表 8−1　某酒店数字营销具体预算比例分配

序号	预算项目	预算比例
1	核心数字营销活动	
(1)	SEM	25%～30%
(2)	SEO	8%～10%
(3)	TripAdvisor 的"Show Prices"点击付费广告项	5%～10%
(4)	SoLoMo	3%～5%
(5)	手机网站和手机营销	5%～8%
(6)	针对平板电脑的网站	2%～3%
(7)	电子邮件营销	2%～4%
(8)	在线视频	2%～4%
(9)	再营销和客户重新定位	4%～8%
(10)	声誉管理	2%～3%
2	业务需求拉动的数字营销活动	
(11)	针对多种业务的多渠道营销活动	15%～25%
3	资本投资、咨询和运营活动	
(12)	网页重新设计＋CMS 技术升级	15%～25%
(13)	咨询和营销活动管理	8%～10%
(14)	网站分析和营销活动效果追踪	2%～3%
(15)	网站运营	2%～3%

第一节　饭店营销预算的构成

营销预算通常是饭店最早要确定的预算项目,是饭店营运的重要控制工具。营销预算一旦获准执行,意味着营销最高管理者对该预算承担直接责任,也是对管理层的承诺,并且一般情况下不会改变。除非更高级别的管理者认为由于某种特殊的原因需要修改,重新审批,或者在制定该预算时面临的环境已经有了巨大的变化,现有的预算不再适用。

一、营销预算的特点

一个好的预算,其数据必须能反映饭店营销战略、营销工作目标以及资源和工作的配置情况。通过检查营销预算的执行情况,发现计划与实际工作中的不足,从而有利于饭店调整经营决策,改进经营管理。营销预算有三个方面的特点。

(一)营销预算服务于饭店经营战略

营销预算是饭店执行经营战略的重要环节,是饭店经营战略的细化,它直接表现出为经营战略服务的特征。比如饭店的经营战略决定饭店将进行客源结构调整,扩大在市场领域的影响力,追求更高的市场份额,那么,该年度以及以后若干年度的营销预算就应该体现这一特征,销售收入要增加,同时用于进一步扩大市场份额所需要的资源也应该增加。

(二)营销预算制定饭店营销工作的目标

营销预算制定饭店营销工作的目标,并通过销售额、利润率、市场份额、客房出租率、预期平均房价等量化指标反映出来。在预算的编制中,这些指标又具体按不同的部门(如客房销售部、餐饮销售部等),不同的市场(会议、旅行团体、商务散客等)进行分解,使之变成具体的工作目标。由于这些计划指标将影响到酒店整个人、财、物资源配置和管理,因此预算指标必须建立在饭店自身实力以及对未来市场的准确预测基础上,必须采用正确、适宜和最新的资料,以使预算指标切实可行。从另一个角度讲,营销预算也是协调各个部门工作的重要工具,一旦相关部门发现与营销预算存在不协调之处,都必须提交讨论解决。

(三)营销预算是饭店评价营销部门工作绩效的标准和依据

营销部门制定出营销预算后,会把总体的营销预算进行细化,分派到下一级的预算单位,因此,它也是营销部门内部的工作绩效评价标准,一般来说,至少每月评估一次,主要是观察预算指标与实际执行的对比情况,如果存在差异,要对差异进行分析,并找到解决的方案,因此,营销预算同时也是一种控制工具,利用营销预算作为标准来实施工作的控制,也是管理的重要手段。

二、营销预算的构成

营销预算分广义的营销预算和狭义的营销预算两类。广义的营销预算通常有销售收入、销售成本预算、营销费用预算三个部分,狭义的营销预算是指营销费用预算。饭店经营预算除了这三个部分以外,还有行政管理费用预算、研究开发费用预算、税务预算等指标,作为完整的经营预算,应该有资本预算、预算资产负债表、预算现金流量表等。

销售收入预算最为关键,但存在不确定性。影响销售收入的因素很多,国内外经济环境、国家政策、消费者可支配收入、竞争形势等都会对销售收入产生间接或直接影响。饭店是个综合性企业,不同部门的产品差异很大,受到影响的程度也存在较大差异。但无论如何,必须对收入进行尽可能准确的预算,所以我们在进行预算时需要先确定一些基本的原则和条件假设,在这样的前提下,预测收入应该是多少。在饭店的实际运营中,销售收入的预算分别由各接待部门(如客房部、餐饮部等直接创收部门)编制。

销售成本预算似乎是可以由标准的材料和人工成本结合产品销售数量计算得来,但是对客房部、餐饮部等生产部门而言,实际要复杂得多。销售预算必须列清楚每种规格产品的销售数量预算,这样生产经理才可以做出销售成本预算。一般来讲,生产经理做出的销售成本与营销预算计算出来的销售成本会有所不同,这主要是产品的库存状况造成的。同时,在生产经理的概念里面,组合成产品的各种材料还需要有一定的库存,这些对成本和现金流都会有影响,在饭店的实际运营中,销售成本预算由各部门根据实际工作情况编制。

狭义的营销预算，也就是营销费用预算，可以分为市场费用预算和行政后勤费用预算两大类。市场费用是为了取得销售所产生的费用，比如广告费用、推销费用、促销费、市场研究费用等，而行政后勤费用主要是指订单处理费用、顾客投诉处理费用、后勤人员薪酬等。行政后勤费用因为主要与市场营销有关，所以也被列入营销费用，饭店营销预算也是由这两部分构成的。

（一）市场费用预算

市场费用预算包括：
(1)饭店订房系统入网费。
(2)促销活动费。
(3)市场调研费。
(4)国内外销售旅行差旅费用。
(5)广告促销费包括：①直接邮寄费，包括通讯录、信封、写信、签字或由其他机构代理完成这类性质工作产生的费用；②广告费，包括广告制作费以及在报纸、杂志、户外、电视和电台等媒体做广告的费用，媒体费是广告中最大和最重要的部分；③销售点促销用品费，包括特别账单卡、特色菜单补充目录、陈列展示品的制作费用等；④杂项，如复印、印刷、交通费用等。

（二）行政后勤费用预算

行政后勤费用预算包括：
(1)营销部工作人员的工资福利。工作人员是指营销部所有的管理人员、营销人员、公共关系人员、秘书以及临时工、合同工；其工资福利包括工资、奖金、保险费、养老费以及给本部门提供食品、饮料的费用等。
(2)办公费，如使用的印刷表格、文具办公用品、销售手册等。
(3)通信费用，如电话、传真、信函及其他邮资费用。
(4)饭店宣传资料、小册子和特色菜单等费用。
(5)交际费，包括经理、营销人员和其他员工的交际费。
(6)其他各项支出，如陪同餐费、制作费、培训费等。

阅读材料

数字营销预算计划要素

数字营销是使用数字传播渠道来推广产品和服务的实践活动，从而以一种及时、相关、定制化和节省成本的方式与消费者进行沟通。数字营销包含很多互联网营销中的技术与实践，但它的范围要更加广泛，还包括很多其他不需要互联网的沟通渠道。因此，数字营销的领域就涵盖了一整套元素，如手机、短信/彩信、显示/横幅广告以及数字户外广告等。这种有助于提高线上、线下直接销售的营销，其预算计划应包括三个主要方面。

1.核心数字营销活动

核心数字营销活动的预算投入应包括经过证明的、真正能带来较高投资回报率的营销活动,无论它是每月进行的活动还是每年进行的活动。具体包括在百度、去哪儿、驴妈妈等网站上进行搜索引擎营销(search engine marketing,SEM,是酒店在线直接分销渠道的关键驱动力量,包括手机 SEM),搜索引擎优化(search engine optimization,SEO,让顾客在定位酒店或周边酒店时可以获得本酒店更独特、更有价值的信息,包括 APP),电子邮件营销,声誉管理等。

2.业务需求拉动的数字营销活动

酒店经营者应该根据具体业务需求来制定这方面的预算,而不是依靠广告拉动。其他应该考虑的因素包括:季节性、能为酒店带来业务的区域性活动或顾客需求细分领域(如会议或团体计划、家庭旅游或婚礼)。为吸引更多的周末预订或吸引更多的来自家庭旅行者的业务等,在进行多渠道营销活动时就要考虑网络营销,并在预算中予以安排相关费用。值得注意的是,由于数字行业以更快的速度在发生变化,因此酒店经营者不可能在任何时候都能把需要进行投入的新领域整合到预算计划中。

3.资本投资、咨询和运营活动

资本投资、咨询和运营活动的预算计划包括维持酒店网站正常运作的必要因素,如网站的重新设计和优化、技术升级以及其他活动。这些活动虽然不能产生直接收益,但它们对酒店的成功发挥着必不可少的作用,这些活动还包括咨询、分析和系统托管。如果没有在这些方面投入足够的资源,那将会损害预算计划中其他活动的效果。

第二节 饭店营销预算的编制过程

一、饭店营销预算应该考虑的因素

(一)饭店当年的战略目标

饭店的营销预算是为饭店的战略目标服务的。好的营销预算中的市场费用预算需要配套相关的营销活动,而这个营销活动必须与饭店该年度的战略目标相匹配。因此,饭店营销预算必须考虑饭店的战略目标要求。饭店营销人员根据饭店战略目标要求,分析饭店面临的内外环境,结合饭店自身的资源提出营销规划的年度目标。营销预算直接服务于营销年度目标的实现。

(二)饭店的财务经营情况

编制营销预算的决定性因素是达到营销目标所必需的费用。从市场营销部门的角度看,可使用的营销预算越多,则用于市场促销和推销的支出越多,能够带来的市场推销效果也可能越好。但是,饭店是一个整体,必须考虑其他部门正常运转所需的支出,保持各部门的预算平衡,同时必须考虑营销预算能带来足够的收益。此外,饭店的财务是影响预算的重要因素。不论饭店是大是小,它所掌握的人力、物力和财力都是有限的。因此,营销预算的大小必须在饭店财力所能承担的范围之内,不可能无限提高。这就需要饭店营销部门同财务部门一起来研究、确定营销预算的额度。

(三)饭店的市场和竞争形势

饭店营销预算主要用于开发市场和进行销售活动,市场和竞争形势必然对营销预算支出总额和预算项目的具体分配产生影响。饭店在市场客源充足、竞争对手少的情况下,用于营销的预算就相应较少;而在市场客源短缺、竞争激烈的形势下,为了尽可能占有更多的市场份额,提高饭店客房和其他设施的使用率,必须投入较多的资金用于市场的开发、新产品的推广以及促销活动。

预算资金只有进行合理的配置才能获得最佳的收益,而预算资金的配置必须以市场分布特点和竞争态势为基础。饭店如果以稳定客源和提高收益为目标,则必须将营销预算资金重点投到主要的客源市场。对于市场容量和潜力巨大且竞争激烈的市场,饭店应投入较多的预算资金开展重点促销活动,以获得竞争优势。

(四)饭店产品的生命周期

因为饭店产品有介绍、成长、成熟和衰退四个生命周期,每一个生命周期的营销策略和方法都不尽相同,所以其营销预算也应随之相应配置。

1.产品介绍阶段

在产品的介绍阶段,由于需要进行大量的宣传推广工作以打开市场和销路,因此,营销的预算额也相应较大,有时饭店需拿出当年营业收入的10%、15%甚至更多,用于支持营销活动。

2.产品成长期

在产品的成长期,因为介绍期的促销所起的作用,加上市场已经打开,所以相比介绍期来说营销活动不多,营销费用相应较低。

3.产品成熟期

当产品进入成熟期时,由于市场竞争十分激烈,为保持市场份额,各饭店都进行各种各样的市场营销活动。大量的促销、强有力的人员推销、高额的佣金都需要较多的营销预算资金作为保证。

4.产品衰退期

当产品走向衰退期时,客源市场主要是一些稳定的客源,许多竞争对手业已退出该产品市场,因此,饭店无须在该产品上进行过多的营销活动,营销预算也应相应下降,这时,主要应将营销资金配置于稳定老客户的销售工作方面。

二、营销预算的编制过程

如同所有的工作一样,制定营销预算也有组织和流程。做预算的组织通常是财务部门的预算小组。它要负责预算编制的表格制定、预算编制的目标假设、协调各部门的预算,并且要汇总预算进行平衡并与饭店的目标进行比较,同时承担预算的修订工作;除此之外,对营销预算的审批,通常由高级管理人员组成,如首席执行官(CEO)、营销主管和财务主管,营销预算的编制过程通常包括四个步骤。

(一)原始预算的提报

营销主管在饭店预算部门制定的预算原则之下,组织下属部门和人员开始制定预算。完全由下而上的预算,经常会发现销售收入和市场份额定得过低、相应的费用却定得很高;而完全自上而下的预算,一级经理常会有抵触,并且因为没有参与预算制定过程而心有抱怨,认为是强加给自己的目标,比较理想的做法是两者有效的结合。一般来说,制定营销预算的时候,本年度的预算业绩应该优于上一个年度的预算业绩。

(二)协商

协商在两个层面上发生,首先发生在营销层面,高级营销经理就下属(部门)提出的预算进行审查复核,并提出意见,这些意见当然要与饭店的预算指导原则和追求的目标相吻合。值得注意的是,对预算的修改意见应该与下级部门协商并取得一致,让下级部门和人员理解修改的理由是充分的,双方交换的数据和信息是可靠的;然后是饭店层面的协商,公司的CEO、财务主管也会对营销主管制定的营销预算结果存有异议,同样的协商过程会再次发生。这样的协商过程经常不可能完美,无论如何,下级经理不情愿地接受上一级经理预算目标的情况时有发生,高明的预算批准者会在产生这种情况时保持合理的"度",保证预算目标既有挑战性和可达到性,又能够发挥饭店营销人员的营销潜力。

(三)复核和审批

在做出最终批准营销预算之前,饭店会对所有部门的预算总量进行检查和平衡,以便保证营销预算的可执行性。例如需要检查生产部门的成本预算是否与营销部门的销售量预算相适应;财务部门是否可以提供相应的资源来保证营销计划得以实行;营销部门提供的现金流是否足以维持公司的营运,如果不够,财务部门应该采取什么样的筹措资金的办法等。

(四)对营销预算的修改

年度营销预算一经批准之后,一般情况下饭店不会允许对其进行修改。但是也有不同的例子。日本企业为全年做预算,但是高级经理只批准前6个月的预算,后6个月的预算在开始之前的一个月会做出修改和正式审批。营销预算既然在审批之前经过了反复的修改和审查,那么以后就不应该被允许随便修改,除非经营环境发生了很大的变化,维持现有的预算已经没有任何意义。比如2008年的国际金融风暴严重影响了我国酒店业的入境客源市场,有些饭店就对营销预算做出了及时的修改,有的是调整收入目标,有的是追加国内市场营销费用预算,有的是减少营销投入。还有,在制定营销预算时盲目乐观,或者过于悲观,导致在销售收入远远达不到或者会被大幅超过的情况下,为了使营销预算进一步发挥控制功能,进行修改也是必要的。

第三节　饭店营销预算的编制方法和运营中偏差的调整

一、饭店营销预算的编制方法

编制预算的核心在于确定各项费用的具体数额,而如何确定这些数额,各个饭店有不同的做法,其中使用较多的有以下方法。

(一)经验推断法

不少饭店营销经理在编制营销预算时,都是以饭店当年各项费用项目的实际开支数为基础,然后预测计划年度各项费用可能发生的增减变动,来确定它们的增减数额。该方法简单易行,适用于经营比较稳定的饭店。但是,过去的数据不一定完全反映未来。

经营情况无法准确预测,尤其是在饭店市场波动较大、竞争激烈的形势下,采用这种方法容易造成预算额的不准确,甚至会出现将过去的错误延续到今后的现象。

(二)量力而行法

量力而行法是指按饭店所能拿出的资金数额来编制营销预算。该方法在饭店的广告中比较多见,也就是说,在其他市场营销活动优先分配经费后,尚有剩余部分就供广告用之。这种预算方法考虑了饭店的财力情况,但却忽视了广告的目的在于促进销售,而预算时必须考虑需要多少营销费用才能达到销售的目标。

(三)行业比率法

行业比率法是指根据同行业的标准确定营销预算总额。采用行业比率法,饭店只要稍微结合本饭店的实际情况,参照同行业的相应费用,就可确定自己的营销预算。但是这种行业比率法也许并不适用于本饭店,主要原因是不同饭店的差异很大,星级、城市、地理位置等都影响饭店的营销业绩,行业费用很难成为标准的参照对象。

(四)竞争对等预算法

竞争对等预算法在国外又称为"复制猫法",是指饭店对照竞争对手的营销开支来决定自己的营销开支,以保持竞争上的优势。许多饭店都喜欢根据竞争者的营销预算来确定自己的营销预算,造成与竞争对手旗鼓相当、势均力敌的对等局面。这种方法简便易行,但与行业比率法一样,它忽视了各个饭店具有的特殊性。由于各饭店的信誉、产品和服务、经营机会以及营销目标和销售力量并不完全相同,某一饭店的营销预算不一定适合其他饭店比照。因此,同样的营销费用支出并不意味着就能带来同样的效果。

(五)销售百分比法

销售百分比法,即饭店按客房销售额(或总销售额)的百分比来计算和决定营销开支。也就是说,饭店按照每 100 元销售(本计划期销售实际或预算期预计的销售额)需要多少营销费用来计算和决定饭店营销预算。其优点是将销售收入与预算紧密地联系起来,并将营销费用控制在一定水平上,这一营销费用理论上讲能够使饭店获得相应的利润。其缺点一是颠倒了销售收入和营销结果之间的因果关系,使营销活动受制于营销预算,容易使饭店失去有利的市场营销机会;二是销售百分比法会导致营销预算随每年的销售波动而增减,容易造成营销费用分配不合理,有的年份可能营销费用太高,而在经营形势不佳、需要大量营销预算时,却无法得到相应资金。

(六)目标任务法

目标任务法是指饭店编制营销预算时,先根据营销目标,决定为达到这种目标而必须执行的工作任务,然后估算执行这些工作任务所需的各项费用,这些费用的总和就是营销预算。饭店在编制总的营销预算时,要求每个营销经理准备一份营销预算申请表,尽可能详细地限定其营销目标。该目标最好用数字表示,例如提高商务散客预订量 18%,列出为实现该目标所必须履行的工作任务;又如开展商务促销,拜访商务机构 900 家等,并估算完成上述工作任务所需的全部费用。这些费用之和就是各个营销经理的经费申请额,所有营销经理的经费申请额即构成饭店总营销预算额。

由于这种方法在逻辑程序上具有较强的科学性,因此为众多的饭店所采用。这种方法的不足之处在于它没有从成本的观点出发来考虑某一营销目标是否值得追求这个问题。例如,饭店营销目标是下一年度将客房出租率提高 20%,而达到这一目标所需的广告及促销费用也许会比实现该目标所带来的利润高出许多,从经济角度上讲这是得不偿失的。如果饭店事先进行成本效益分析,然后选择有利的目标付诸实现,效果会更好。

(七)零基预算法

这种方法与目标任务法在实际操作上很相似,其特点是对于任何一个预算(计划)期、任何一项费用的开支数,都不以过去和现有的基础为出发点,即不考虑当年的费用开支水平,而是一切从零开始,将下一个预算期作为独立的经营周期,根据各项费用是否必要、能否达到最佳的经济效果来决定其预算费用水平。采用零基预算法,所有的费用都与预算年度的各项营销活动紧密相连,而各项营销活动的计划是在对饭店的营销优势以及经营机会和挑战进行分析后做出的,这样能够保证各项费用得到最佳配置。但这种方法只有在进行大量的调查研究和细致的工作后才能应用。

采用零基预算法进行预算,大致有 3 个步骤:第一步是饭店营销计划人员根据营销计划编制具体的行动方案,以及各项活动需要的费用数额;第二步是对每项行动方案进行成本效益分析,将其花费与可能收益所得进行比较,评定各项行动方案优劣,并据此排列优劣顺序;第三步是根据排列次序,结合可动用的资金来分配营销预算资金。

二、饭店运营中营销预算偏差的调整

实际运营与预算出现正负偏差是很正常的,任何计划都不可能做到百分之百精确。正偏差表明实际营运好于预期,而负偏差则正好相反,如表 8-2、表 8-3 所示。

表 8－2　销售偏差　　　　　　　　　　　　　　　　　单位:元

细分市场	计划销售额(3 月)	实际销售额(3 月)	差额	差额百分比
团体市场	40000	35000	5000U	12.5％U
散客市场	80000	85000	5000F	6.25％F
会议市场	40000	30000	10000U	25％U

说明:F 为正偏差。U 为负偏差。

表 8－3　预算偏差　　　　　　　　　　　　　　　　　单位:元

类目	预算支出额	实际支出额(本月)	总支出额	节余
广告	3000000	500000	1800000	1200000
人员推销	1000000	110000	650000	350000

作为管理人员的营销经理,其主要工作便是对出现的偏差实施处理。

(一)找到出现偏差的原因

出现偏差的原因可能有:

(1)预算所定目标过高或过低。

(2)经营环节中出现了问题或市场发生了大的变动。

(二)采取相应的行动

在找到偏差原因的基础上,采取相应的行动:

(1)如果是预算目标不符合实际状况,应及时加以调整。

(2)如果是由于自身工作失误,便需尽快纠正错误。

(3)如果是由于市场发生突然变化造成营业额大幅度上升或下降,则需对原有的预算进行大幅度调整,以适应新的形势。

阅读材料

××酒店前厅部、客房部开业销售预算、成本预算及经营

名称:客房

功能:客住场所

发点:主楼 6～18 层

营业时间:全天 24 小时

所有房间的出租,以次日 14:00 为结算日并当一天房租计算:凡超过 14:00 起至 18:00 止,按多租半天的房费计算;凡超过 18:00 起,按多租一天的房费计算。

服务电话:内线、直线

客房数量:211 间

（一）房务部销售预算

房务部销售预算见表8-4。

表8-4　房务部销售预算

名称	数量/间	标价/元	售价/元	出租率/天	日营业收入/元	年销售额/元（按300天计算）	折扣
标准双间	83	320	208	65%	11222	3366480	65%
标准单间	40	320	208	65%	5408	1622400	65%
商务标间	40	398	258.7	65%	6726.2	2017860	65%
标准三人间	8	398	258.7	65%	1345.2	403572	65%
商务套房	15	480	321	65%	3042	912600	65%
行政标间	9	368	239.2	65%	1399.3	419796	65%
行政大标间	2	520	338	65%	439.4	131820	65%
行政单间	9	368	239.2	65%	219.7	419796	65%
行政套房	1	520	338	65%	3270.2	65910	65%
行政豪华套房	3	2580	1677	65%	1090.1	981045	65%
行政豪华套房单间	1	2580	1677	65%	35561	327015	65%
合计	211	—	—	—	—	10668294	—

（二）客房部成本预算

客房部成本预算见表8-5。

表8-5　客房部成本预算

名称	日/元	月/元	年/元	备注
工资	1600	4800	576000	客房部工资分解表
税收	1629948	896.3	586756.2	按营业税5.5%计算
电费	17333	52000	624000	按整个酒店40%计算,含前厅部电费,按350千大卡计算
水费	533.3	16000	192000	按整个酒店40%计算
维修、维护	200	6000	72000	客房维修费用
食宿	653.3	19600	235200	伙食及住宿费用,每人每月350元
福利	131	3939	47264	员工月劳保、福利用品及年终奖部分
一次性消耗品	2484	74520	894.240	按138间客房计算,一次性用品为18元/套
洗涤费	869.4	26082	312984	按138间客房计算,每房成本费为6.3元
交通、电话费	80	2400	28800	客房部电话、出差等交通费
养老保险	235.2	7056	84672	按700元/人的18%投保客房部56人
合计	10149.4	261293.3	3653916.2	客房部全年成本费用

（三）前厅部成本预算

前厅部成本预算见表8-6。

表8-6 前厅部成本预算

名称	日/元	月/元	年/元	备注
工资	11360	40800	489600	前厅部工资分解表
维修、维护	80	2400	28800	维修、维护费用一览表
食宿	455	13650	163800	伙食及住宿费用,每人每月350元,339人
福利	84.4	2532	30384	劳保福利每人12元/月+年终奖
交通、电话费	80	2400	2880	前厅部电话、出差等交通费
养老保险	163.8	4914	58968	按700元/人的18%投保,前厅部39人
合计	2223.2	66696	800352	前厅部全年成本费用

（四）各类型客房门市价及折扣价

各类型客房门市价及折扣价见表8-7。

表8-7 各类型客房门市价及折扣价

名称	数量/间	门市价/元	折扣价(40%)/元	折扣价(50%)/元	折扣价(50%)/元	折扣价(70%)/元
标准双间	83	320	128	160	192	224
标准单间	40	320	128	160	192	224
商务标间	40	398	159.2	199	238.8	278.6
标准三人间	8	398	159.2	199	238.8	278.6
商务套房	15	480	192	240	288	336
行政标间	9	368	147.2	184	220.8	257.6
行政大标间	2	520	208	260	312	364
行政单间	9	368	147.2	184	220.8	257.6
行政套房	1	520	208	260	312	364
行政豪华套房	3	2580	1032	1290	1578	1806
行政豪华套房单间	1	2580	1032	1290	1578	1806
合计	211	—	—	—	—	—

（五）客房经营思路

客房为酒店最大的创收点,也是本酒店各营业点的业务来源之主要源头,因此,我们必须首先强化客房业务的拓展,尽量争取最大的客务量,以避免酒店出现冷清的局面。我们将以价高折大的房价政策,配以灵活性强的销售手段,尽量吸引较多的顾客惠顾。建立熟客群体,并利用顾客口碑,蓄意造势,提高酒店的知名度和尊贵形象。虽然价高和折大这两种做法之间会存在一定发展关系上的矛盾,但可通过提供特色的服务和热诚的接待,作为上述矛盾的润滑剂,以减少矛盾。

1.客房市场定位

以国内低、中、高档次消费水平的商务客以及本地政府部门、企业、社会团体顾客为主。

2.客房经营策略

广开思路,强化营销,价高折大,政策灵活,全员销售,重视意见,优化服务,创造声势,树立形象。

3.客源市场

从一次性订房数量上来区分,客源市场可分为散客市场、会议市场与团体市场;从订房渠道上来区分,则可细分为散客、出租车司机推介、商务公司、订房中心推介、联营推介、长住客、旅行社、订房中心、政府机构、本集团公司与员工所推介的特殊折扣客源。

4.客房经营方法

本酒店的客房,与本市其他星级酒店相比,不论从装修上还是从细节的考虑上,都要有显著的优势。本酒店应首先拟定准确的经营方针与策略,通过营销组织的强化,优化营销队伍的营销技巧。同时,制定灵活性强的营销政策,配备有助于发挥营销力量的营销条件,再通过强大的营销队伍按既定的经营方向做紧密的业务推广与促销活动,并重视顾客的回馈意见,不断按市场需求改善服务与产品。此外,以特色的服务凝聚熟客,并通过良好服务的口碑不断地宣传推广,发展优者旺、旺者愈旺的良性滚动形势。

5.客房营销手段

为了配合拓展可承受较高房价的散客市场所需,我们须建立与众不同的强大营销队伍,以积极拓展商务散客市场,同时,须配以灵活性强的促销政策和有助销售的营销条件,并按适当的客源市场布置专职负责的营销队伍,通过精心策划吸引潜在顾客,务求促使营销动力可处于一个最强势的状态;实施客户关系秩序化的措施,建立完整的资料库,以作为下一轮攻势的客源储备和可深化客源关系的资源。

6.客房价格定位

从牌价上,制定稍高于本市四星级标准的酒店之门市牌价,旺季时,可尽量争取到最高的房租收入;同时执行价高折大的灵活价格政策,与商务公司及中介代理商签订价格的特价合同。实行薄利多销的手段,尽量争取客源市场的份额。

7.客房服务特色

(1)亲善的机场代表接待,并提供含有现代化设施装备的高档轿车迎送顾客至本酒店;在途中,由宾客关系主任沿途讲解本市文化特点,并提供毛巾与饮料予以顾客享用;在接近本酒店时,可通过通信工具联络本酒店准备门前迎宾。

(2)当顾客至本酒店门前时,身穿夺目制服与面带亲切欢迎笑容的门迎向顾客致欢迎词,并主动协助顾客提取行李;同时,轿车司机以预祝顾客入住愉快作为欢迎光临的致意。

(3)当顾客步入大堂时,大堂副理以微笑及道姓欢迎光临,并亲切地引领顾客挑选客房;在途中,沿途慰问及讲解本酒店各项服务设施;在顾客已挑选客房后,于房间办理入住登记手续时讲解房内设施。

(4)在大堂副理进房前,行李员将该顾客的行李安稳地置于房中;在行李员离房后,客房人员提供别致的欢迎茶与鲜果盘于顾客享用,并提供周到的侍从服务(污衣收洗、熨烫衣物、皮鞋擦亮、安放衣物、调水沐浴等)和亲切慰问。

(5)提供充足和精致的高档客房用品,各房内均含鲜花与植物盆栽,并配置时尚的刊物和当天的本地报纸。

(6)提供充分为顾客考虑周到的服务设施,其中包括:简易记忆的服务中心电话号码并提供高效服务、语音留言系统、VOD视频点播系统、所有客房内可宽带上网等。

(7)在顾客入住期间,由亲善有礼的房务人员提供温馨的夜床服务,在床头摆放巧克力或晚安卡和小纪念礼品,并在床头前地毯上摆放高档羊毛地毯,提高酒店服务规格和档次。

(8)可同时提供为酒店长住客的代办服务和便利。定期为酒店长住客举办小型聚会,使长住客感受酒店的温情。

(9)商务中心提供日常的优质专业服务。

(10)礼品店除满足顾客的日常需求,还可提供按顾客需求代订各种礼品和拥有本酒店标记的运动套装销售。

(11)洗衣房同时提供对外承接洗衣/布草的业务,可签订长期衣物/布草洗熨的业务合同,并可提供免费接送衣物服务。

(12)每日为本酒店商务住客提供定时免费火车站/机场接送服务。

复习与思考

一、重点概念

经验推断法　量力而行法　行业比率法　竞争对等预算法　销售百分比法　目标任务法　零基预算法

二、思考讨论题

1.简述营销预算的组成。

2.营销预算应该考虑哪些因素?

3.营销预算的编制方法有哪些?

4.如何对营销预算偏差进行调整?

三、实践题

某酒店在2015年1月1日将前10个月的销售收入与11月和12月的预计收入相加为2700万元,以总额的3%作为2016年的营销预算,或者以2016年的预计销售收入3000万元的2.5%作为广告预算。

要求:如何按照3%和2.5%这两个比例计算营销预算和广告预算?

参考文献

[1]张泽起.市场营销学[M].北京:中国传媒大学出版社,2008.

[2]伍剑琴.酒店营销与策划[M].2版.北京:中国轻工业出版社,2018.

[3]蔡万坤.现代酒店市场营销管理[M].广州:广东旅游出版社,2012.

[4]张唐槟.市场营销学[M].成都:西南财经大学出版社,2008.

[5]陈云川,张洪刚.饭店市场营销[M].北京:机械工业出版社,2009.

[6]严伟,葛怀东.旅游饭店市场营销[M].上海:上海交通大学出版社,2017.

[7]赵西萍.旅游市场营销学[M].北京:高等教育出版社,2011.

[8]国家统计局.中国统计年鉴-2019[M].北京:中国统计出版社,2019.

[9]李伟清,贺学良,李菊霞.酒店市场营销管理与实务[M].上海:上海交通大学出版社,2010.

[10]钱炜,李伟.饭店营销学[M].4版.北京:旅游教育出版社,2013.

[11]刘伟.酒店客户管理[M].2版.重庆:重庆大学出版社,2020.

[12]郑向敏.现代饭店管理[M].北京:中国财政经济出版社,2006.

[13]张永安.现代饭店管理[M].广州:暨南大学出版社,2004.

[14]陈志学.饭店服务质量管理与案例解析[M].北京:中国旅游出版社,2006.

[15]吕建中.现代旅游饭店管理[M].北京:中国旅游出版社,2007.

[16]李原.现代饭店管理原理[M].成都:四川大学出版社,2001.

[17]尼尔·沃恩.饭店营销学[M].北京:中国旅游出版社,2001.

[18]严金明,徐文苑.旅游与酒店管理案例[M].北京:北京交通大学出版社,2004.

[19]蒋丁新.饭店管理概论[M].大连:东北财经大学出版社,2002.

[20]陆慧.现代饭店管理概论[M].北京:科学出版,2005.

[21]徐文苑.酒店经营管理[M].广州:广东经济出版社,2006.

[22]邹益民.现代饭店管理[M].杭州:浙江大学出版社,2006.

[23]董观志.现代饭店经营管理[M].广州:中山大学出版社,2004.

[24]谢丽萍.酒店管理概论[M].北京:中国财政经济出版社,2005.

[25]钱炜.饭店营销学[M].北京:旅游教育出版社,2003.

[26]谷慧敏.旅游市场营销[M].北京:旅游教育出版社,2003.

[27]吴勇.市场营销[M].北京:高等教育出版社,2001.

[28]谢彦君.饭店营销学[M].大连:东北财经大学出版社,2003.